Couverture inférieure manquante

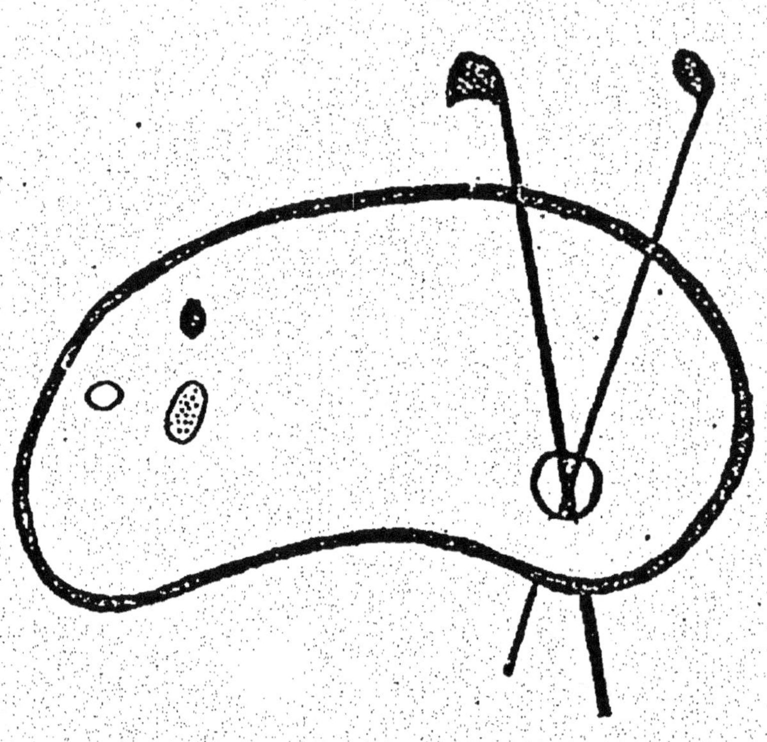

DEBUT D'UNE SERIE DE DOCUMENTS
EN COULEUR

Pour devenir Physionomiste

MOYENS PRATIQUES ET RAPIDES DE DISCERNER

LE CARACTÈRE ET LES QUALITÉS DES GENS

PAR

J.-M. PLANE

PARIS

Georges VARÈS, Éditeur

28, RUE LALO, 28

1908

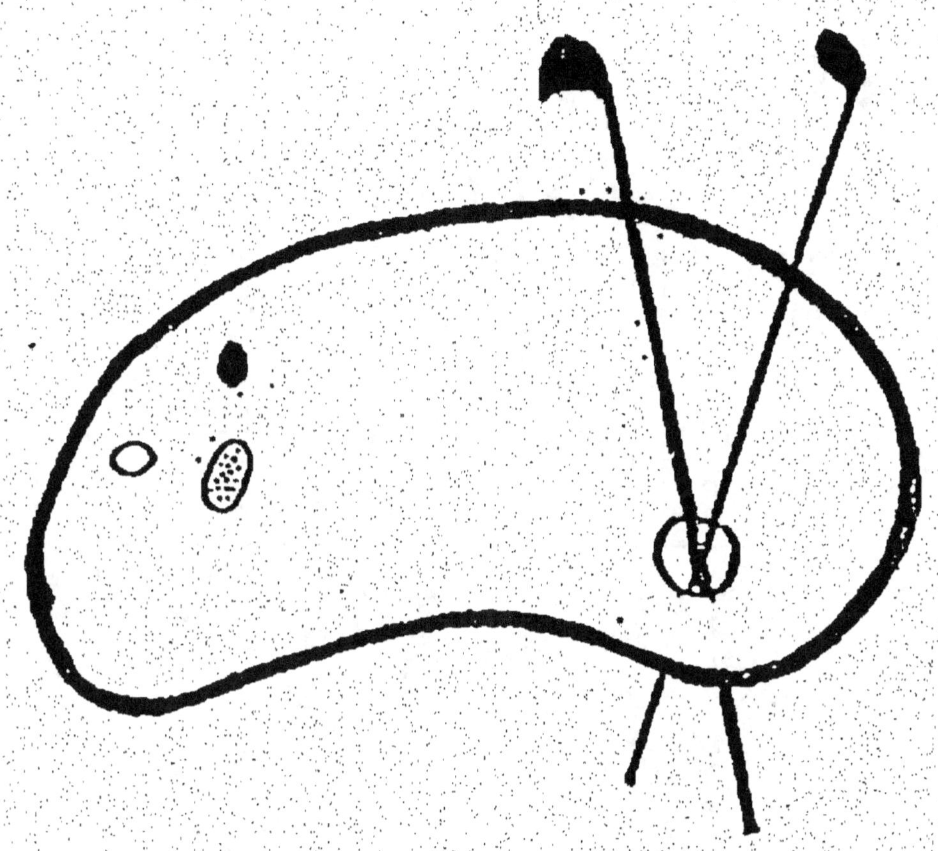

FIN D'UNE SERIE DE DOCUMENTS
EN COULEUR

Petite Bibliothèque des Connaissances utiles

75 centimes

Pour devenir Physionomiste

MOYENS
PRATIQUES
ET
RAPIDES DE
DISCERNER

LE
CARACTÈRE
ET LES
QUALITÉS
DES GENS
PAR
J.-M. PLANE

PARIS

Georges VARÈS, Éditeur

28, RUE LALO, 28

1908

Tous droits réservés.

Pour devenir Physionomiste

CHAPITRE I

Tous les hommes sont physionomistes par instinct : l'enfant au berceau commence déjà à lire sur le front de celui qui l'approche pour le caresser : une figure riante le fait sourire et lui inspire la confiance, tandis qu'un visage sérieux l'épouvante et lui arrache quelquefois des cris perçants. Je dis plus : tous les êtres vivants, tous les animaux, jusqu'aux plus petits insectes connaissent leurs ennemis, même avant que l'expérience leur ait appris ce qu'ils ont à en redouter. Le premier soin de la nature, celui que nous voyons dans toutes ses opérations, est de veiller à la conservation des espèces. C'est pour parvenir à ce but essentiel qu'elle nous a donné un tact physionomique, c'est-à-dire un goût, un penchant naturel pour les êtres utiles qui nous environnent, et une aversion presque invincible pour les êtres malfaisants. C'est ce qu'on peut appeler la *physiologie naturelle*.

L'homme dans l'état de nature n'aurait besoin que de l'instinct qui lui serait commun avec les animaux, et qui serait pour lui un guide cent fois plus sûr que toutes ses réflexions : mais la nécessité de vivre avec ses semblables, de se plier par conséquent à leur caractère, à leur humeur, et de supporter souvent leurs défauts, le force à se dédommager de cette affreuse contrainte par l'idée consolante des vertus et des bonnes qualités des êtres qui composent sa société.

Mais ces vertus, ces bonnes qualités, comment les connaître ? Sera-t-il toujours à portée de les mettre à l'épreuve ? et en supposant qu'il en fasse quelquefois d'heureuses expériences, sera-t-il rassuré pour l'avenir ? Non. Le méchant, dira-t-il, peut faire une ou plusieurs bonnes actions, et, pour être bon, il faut l'être toujours.

Ce n'est donc que sur l'habitude des personnes, sur leur extérieur de bienveillance et de douceur et, par conséquent, sur leur physionomie, qu'il pourra s'assurer à chaque instant des bonnes qualités qui doivent lui faire aimer ses semblables. Ce résultat de nos observations peut s'appeler la *physiologie raisonnée*.

On ne peut nier les grandes difficultés que doit éprouver le physionomiste, lorsqu'il s'agit de lire sur le visage de certains hommes leurs secrets penchants : mais la difficulté d'une science quelconque ne prouve point contre son existence ; eh ! par combien d'erreurs, et j'ose dire d'extravagances, n'est-on pas obligé de payer les moindres découvertes en physique ! Faudra-t-il pour cela y renoncer ? — Non sans doute. Les vérités une fois connues deviennent au contraire plus précieuses et plus satisfaisantes : mais l'art du physionomiste n'est pas à beaucoup près aussi difficile que celui du physicien. Voir, réfléchir, comparer, voilà l'ouvrage du premier. Inventer, avancer au milieu des ténèbres, s'égarer souvent dans des systèmes erronés, voilà le sort du second. L'un consulte ses yeux, l'autre est obligé, la plupart du temps, de combattre leur témoignage et de vaincre les préjugés dictés par les sens.

La nature varie à l'infini ses productions ; une rose diffère d'une autre rose, deux feuilles ne peuvent se ressembler parfaitement. Chaque individu diffère d'un autre de son espèce, soit au physique, soit au moral ; car la différence extérieure du visage et du corps doit nécessairement avoir un certain rapport avec la différence intérieure de l'esprit et du cœur.

CHAPITRE II

Quelque immatériel que soit le principe qui est en nous, quelque élevé qu'il soit au-dessus de nos sens, il devient néanmoins perceptible par sa correspondance et sa liaison avec le corps où il réside. Certaines situations d'esprit produisent des penchants, les penchants deviennent habitudes et de celles-ci naissent les passions : or ces affections de l'âme s'expriment évidemment sur le visage. Le calme, la sérénité d'une bonne conscience s'annoncent autrement que la haine ou le remords. Ces différentes expressions qui se peignent dans nos traits les embellissent ou les altèrent d'une manière marquée, du moins au moment où elles se font sentir. Supposez donc que ces moments se reproduisent souvent, il est clair que notre visage contractera, malgré nous, une certaine manière d'être, une habitude qui deviendra une seconde nature : et c'est pour cette raison qu'à l'époque de la vie où nos facultés commencent à se développer nos traits se prononcent avec plus de force, parce que nous commençons alors à avoir un caractère et des passions. Notre âme communique par degrés à notre figure les premières habitudes que nos penchants naturels ont fait naître. Leurs traces d'abord légères s'impriment de plus en plus, à mesure que nous avançons en âge. Il n'est donc pas étonnant qu'une âme belle, bienfaisante, accoutumée à se manifester par un regard de douceur et de bienveillance, communique cette même beauté au visage des personnes et à tout leur extérieur.

J'observerai à ce sujet qu'on voit des enfants parfaitement beaux s'enlaidir extrêmement par le vice de leur caractère ou de leur éducation, tandis que d'autres, que la nature avait peu favorisés, se développent sensiblement et acquièrent avec le temps des traits aimables et un extérieur intéressant.

Mais de combien de difficultés se trouve assailli l'observateur *physiologiste* ! Avec quelle attention scrupuleuse ne doit-il pas examiner le visage d'une personne avant de prononcer sur son caractère ! Il y a des passions diaboliques qui souvent ne se peignent sur la physionomie que par un seul petit trait, fort sensible à la vérité, mais presque indéfinissable, tandis que d'autres passions beaucoup moins nuisibles ont des expressions plus marquées et plus effrayantes. Une colère impétueuse dérange tout le visage ; au lieu que la plus noire envie, et même la haine la plus sanguinaire n'ont pour signe qu'une légère obliquité, ou une contraction des lèvres, presque imperceptible.

L'artificieuse dissimulation suscite encore bien des difficultés à l'observateur le plus éclairé. Les hommes se donnent toutes les peines imaginables pour paraître plus sages, plus honnêtes et meilleurs qu'ils ne sont. Ils étudient l'air et le ton de la probité, ils en imitent le langage, et souvent l'artifice leur réussit. Ils trompent, ils en imposent et parviennent à dissiper jusqu'au moindre soupçon qu'on pourrait former contre leur intégrité. Les gens les plus habiles, les plus clairvoyants ont été souvent séduits et le sont encore tous les jours par ces dehors trompeurs.

D'ailleurs le physionomiste, quelque habile philosophe qu'il soit, est toujours homme, c'est-à-dire que non seulement il est sujet à l'erreur, mais encore il n'est point exempt de partialité. Rarement peut-il s'abstenir d'envisager les objets sous un certain rapport qu'ils ont avec ses opinions, ses goûts ou ses aversions particulières.

Le souvenir confus de certains plaisirs ou déplaisirs, que telle ou telle physionomie réveille dans son âme par des circonstances accessoires et gratuites, l'impression qu'un objet d'amour ou de haine aura laissée dans son imagination, tout cela n'influe-t-il pas nécessairement sur ses observations ?

Combien d'accidents plus ou moins graves, tant physiques que moraux ; combien de circonstances cachées, de passions secrètes peuvent nous induire en erreur et nous faire porter un faux jugement sur l'expression d'un visage ! Qu'il est facile alors de glisser sur les qualités essentielles du caractère et d'adopter pour base de nos observations ce qui n'est que purement accidentel ! par exemple : l'homme le plus sensé, dans ses moments d'ennui, ressemble parfaitement à un imbécile. Des accidents particuliers, tels que la petite vérole, peuvent défigurer un visage et rendre méconnaissables les traits les plus fins et les plus délicats.

On cite avec raison au nombre des grandes erreurs dans lesquelles peut tomber un physionomiste celle du philosophe Zopyre. En voyant les traits de Socrate, il jugea qu'il était stupide, brutal, voluptueux et ivrogne. Les disciples de ce grand homme voulurent tirer de là un argument contre l'art de Zopyre et le tourner en ridicule. Socrate le justifia et leur dit : j'étais naturellement enclin à tous ces vices : mais, par une pratique constante de la vertu, je suis parvenu à corriger mes défauts et à réprimer mes penchants.

S'il est facile de se tromper dans le jugement qu'on porte sur un homme de bien, il l'est encore davantage de mal juger un hypocrite. Ces sortes de caractères ont passé jusqu'ici pour indéterminables : mais c'est à l'observateur qu'il faut s'en prendre plutôt qu'à l'objet observé. J'avoue que, pour les apercevoir, il faut beaucoup de finesse, d'exercice et un génie *physiologique* des plus subtils ; j'avoue même qu'on ne réussit pas toujours à les expliquer par des lignes, des mots et des Signes particuliers.

CHAPITRE III

Manière d'étudier la physionomie.

L'étude de la *physiologie* consiste (suivant *Lavater*) à exercer le tact et le jugement, à mettre dans un vrai jour les observations qu'on aura faites, à dénoter chaque aperçu, à le caractériser et à le représenter.

Elle consiste à rechercher, à fixer, à classifier les signes extérieurs des facultés intérieures ; à découvrir les causes de certains effets, par les traits et les mouvements de la physionomie ; à bien connaître et à savoir distinguer les caractères de l'esprit et du cœur qui conviennent, ou qui répugnent à telle forme ou à tels traits du visage.

Elle consiste à trouver des signes apparents et communicables pour les facultés de l'esprit, ou pour les facultés internes en général ; puis à faire de ces signes une application facile et sûre.

Semblable à l'architecte, qui avant de bâtir trace le plan de l'édifice qu'il veut élever et calcule ensuite la dépense qu'exige son exécution, le physionomiste doit consulter ses facultés et son zèle.

Si les difficultés ne le rebutent point, s'il est assuré de les vaincre par le sentiment qu'il a de son énergie et de ses forces, voici la marche que je lui indiquerai :

Examinez d'abord avec soin ce qui est commun à tous les individus de l'espèce humaine ; ce qui distingue universellement l'organisation de notre corps de toute autre organisation animale ou végétale. Cette différence une fois bien établie, vous en sentirez davantage la dignité de notre nature ; vous l'étudierez avec plus de respect et vous en saisirez mieux les caractères.

Après cela, *étudiez séparément chaque partie et chaque membre du corps humain, les liaisons, les rapports et les proportions qu'ils ont entre eux.* Consultez là-dessus les auteurs : mais ne vous en fiez pas trop aux livres. Voyez par vous-même, mesurez par vous-même. Commencez par dessiner seul ; répétez ensuite vos observations en présence d'un observateur exact et intelligent ; qu'il les vérifie sous vos yeux, et qu'il les fasse revoir en votre absence par un juge impartial.

Distinguez les proportions des lignes droites d'avec les proportions des courbes. Si les rapports des parties du visage et des membres du corps répondent à des lignes droites ou perpendiculaires, on peut en attendre dans un degré éminent un beau visage, un corps bien fait, un esprit judicieux, un caractère noble, ferme et énergique. Ce n'est pas cependant qu'on ne puisse être doué de tous ces avantages, lorsque les parties du corps s'écartent en apparence de cette symétrie, pourvu que celle-ci se trouve dans les rapports bien gardés des lignes courbes. Je remarquerai que les proportions des lignes droites sont par elles-mêmes plus favorables et moins sujettes à s'altérer que les autres.

Lorsque vous aurez acquis une connaissance générale des parties du corps, de leurs liaisons et de leurs rapports ; lorsque vous les connaîtrez assez pour expliquer dans un dessin le trop ou le trop peu, les écarts, les transpositions, les dérangements, lorsque vous serez bien sûr de votre coup d'œil et de votre discernement, alors seulement vous passerez à l'étude des caractères particuliers.

Commencez par des visages dont la forme et le caractère ont quelque chose de bien marqué ; par des personnes dont le caractère vous offre du moins un côté positif et non équivoque. Prenez, par exemple, ou un penseur profond, ou un imbécile né ; un homme délicat, sensible, facile à émouvoir, ou bien un homme obstiné, dur, froid, insensible.

Observez la nature du corps, et les proportions apparentes, c'est-à-dire celles qui peuvent être mesurées par des lignes perpendiculaires et horizontales. Enfin vous déterminerez successivement le front, le nez, la bouche, le menton, et en particulier l'œil, sa forme, sa couleur, sa situation, sa grandeur, sa cavité, etc.

Parcourez successivement le front, les sourcils, l'entre-deux des yeux, le passage du front au nez, et le nez même. Faites attention à l'angle caractéristique que forme le bout du nez avec la lèvre de dessus, s'il est rectangle, obtus, ou aigu ; voyez lequel de ces côtés l'emporte en longueur, si c'est le haut ou le bas. La bouche vue de profil n'admet aussi que trois formes principales. Ou la lèvre de dessus déborde celle d'en bas, ou elles sont placées toutes deux en ligne perpendiculaire, ou bien c'est la lèvre de dessous qui avance : il faut faire les mêmes distinctions pour mesurer et classifier le menton : il sera perpendiculaire, ou saillant, ou rentrant. Le dessous du menton décrira une ligne horizontale, ou bien il sortira de cette direction, soit en remontant, soit en descendant. Arrêtez-vous encore soigneusement à la courbure de l'os de la mâchoire, qui est souvent de la plus grande signification. Quant à l'œil, mesurez d'abord sa distance de la racine du nez, puis observez sa grandeur, sa couleur, et enfin le contour des deux paupières.

Après avoir étudié ainsi à fond un visage caractéristique, examinez plusieurs jours de suite toutes les physionomies que vous rencontrez, et cherchez-en une qui vous offre des ressemblances frappantes avec le sujet dont vous vous êtes occupé. Pour mieux découvrir ces rapports, attachez-vous d'abord uniquement au front. Le grand secret des recherches du physionomiste, c'est de simplifier, d'abstraire et d'isoler les traits principaux et fondamentaux qu'il lui importe de connaître.

Dès que vous aurez trouvé un front ressemblant, tachez de rapprocher ce qui manque à l'analogie des autres traits. Ensuite approfondissez le caractère de ce nouveau personnage, et surtout le côté saillant que vous avez rencontré au précédent ; si la ressemblance des traits est bien décidée, vous ne tarderez pas à découvrir le signe physionomique de leur conformité d'esprit. Pour être encore plus sûr de votre fait, épiez le moment décisif où ce caractère dominant est mis en activité. Observez alors la ligne qui naît du mouvement des muscles, et comparez-la dans les deux visages. Ces lignes sont-elles encore pareilles, la conformité d'esprit ne saurait plus être un problème.

Si vous découvrez après cela un trait tout à fait singulier dans la physionomie d'un homme extraordinaire, et que le même trait reparaisse une seconde fois sur le visage d'un homme distingué, sans que vous puissiez le trouver ailleurs, ce trait fondamental deviendra un signe positif du caractère et vous y fera apercevoir une infinité de nuances, qui peut-être vous seraient échappées.

Une de nos premières règles sera donc de commencer par les caractères les plus extraordinaires. Étudiez avant toute chose les caractères extrêmes et opposés ; d'un côté les traits d'une bonté excessive, de l'autre ceux d'une noire méchanceté ; un poète plein d'imagination et de chaleur ; ou un esprit apathique, que rien ne saurait émouvoir ; — un imbécile né, ou un homme à grands talents.

Visitez pour cet effet les hôpitaux des fous ; choisissez-y des sujets complètement égarés ; dessinez la forme et les traits de leurs visages ; premièrement les traits qui leur sont communs à tous, puis ceux qui distinguent chacun en particulier. Examinez où sont les signes caractéristiques de la folie.

Si vous manquez de temps, d'occasion et de facilité, pour embrasser dans votre plan toutes les parties d'un visage, attachez-vous de préférence à deux lignes essentielles qui vous dédommageront en quelque sorte du reste et qui vous donneront la clef de tout le caractère de la physionomie ; je parle de la fente de la bouche et de la ligne que la paupière supérieure décrit sur la prunelle. Les entendre à fond, c'est avoir l'explication de tout le visage. A l'aide de ces deux linéaments, il est possible et même aisé de déchiffrer les qualités intellectuelles et morales d'un invidu quelconque. Nos meilleurs peintres ne font pas assez d'attention à ces deux traits, desquels dépend en grande partie le mérite de la ressemblance, et presque toujours ils sont plus maniérés que les autres.

Rien n'est plus difficile que de bien observer les hommes dans le commerce ordinaire de la vie et pendant la veille. Avec mille occasions de les voir, il est rare d'en trouver une seule où l'on puisse sans indiscrétion les étudier à son aise ; le physionomiste devrait donc tâcher d'observer aussi des personnes endormies. Il les dessinera en cet état : il copiera en détail les traits et les contours, il conservera surtout les attitudes, ne fût-ce que par des lignes générales ; il saisira les rapports qui se trouvent entre le corps, la peau, les bras et les jambes. Ces attitudes et ces rapports sont d'une signification infinie et particulièrement chez les enfants. La forme du visage y est analogue aussi, et cet accord est visible. Chaque visage répond individuellement à l'attitude du corps et des bras.

Les morts fournissent un nouveau sujet d'étude. Leurs traits acquièrent une précision et une expression qu'ils n'avaient ni dans la veille ni dans le sommeil. La mort fait cesser les agitations auxquelles le corps est en proie, tant qu'il est uni à l'âme. Elle arrête et fixe ce qui auparavant était indécis et vague. Tout se remet au niveau. Tous les traits rentrent dans leur vrai rapport, pourvu qu'ils n'aient pas été détraqués par des maladies trop violentes ou par des accidents extraordinaires.

L'étude des silhouettes et des figures moulées en plâtre est encore une chose très utile au physionomiste. Il ne faut pas non plus qu'il néglige celle des portraits et des tableaux d'histoire.

Parmi les peintres et les dessinateurs, il y en a bien peu qui aient été physionomistes ; presque tous se sont bornés à exprimer le langage des passions, et ils n'ont pas été plus loin ; il en est cependant dont les ouvrages méritent à tous égards une attention particulière.

On peut étudier chez le *Titien* la noblesse du style,

le naturel et le sublime de l'expression, les visages voluptueux.

Michel-Ange nous fournira des caractères énergiques, fiers, dédaigneux, sérieux, opiniâtres, invincibles.

Les ouvrages de *Rubens* nous offriront les linéaments de la force, de l'ivrognerie, de tous les excès du vice.

Certains traits particuliers sont quelquefois décisifs. Souvent le front, le nez, les lèvres, les yeux, annoncent exclusivement l'énergie ou la faiblesse, la pénétration ou la stupidité, l'amour ou la haine. Observez avec soin la forme, la couleur, la chair, les os et les muscles; la souplesse ou la raideur des membres, les mouvements, l'attitude, la démarche et la voix; les expressions, les actions, les passions, les ris et les pleurs; la bonne et la mauvaise humeur; l'emportement et le calme.

Et peu à peu vous parviendrez à deviner une partie par l'autre.

« Il est pour la physionomie, dit Lavater, des moments décisifs, qu'il importe essentiellement d'observer. Tel est celui d'une rencontre imprévue, ou seulement le premier abord; l'instant où l'on se présente dans une compagnie, celui où l'on sort. Tel est encore, d'une façon plus particulière, le moment où une passion violente est sur le point d'éclater et le moment qui suit ce premier éclat. Tel est surtout celui où la passion est subitement réprimée par la présence d'un personnage respectable. C'est dans cette dernière circonstance qu'on découvre d'un même coup d'œil et la force de la dissimulation, et les traces encore subsistantes de la passion.

« Souvent un mouvement de tendresse ou de pitié, de tristesse, de colère ou d'envie, suffit pour faire juger du caractère d'un homme. Mettez en opposition le calme le plus parfait et l'emportement le plus violent. Comparez ces deux états, et vous verrez ce que chaque individu est ou n'est pas, ce qu'il pourra être ou ce qu'il ne sera jamais.

« Le degré d'attention que donne une personne à qui on parle détermine en elle le degré de jugement, de bonté d'âme, d'énergie. Celui qui est incapable d'écouter est incapable de sagesse et de vertu. Aussi un seul visage où

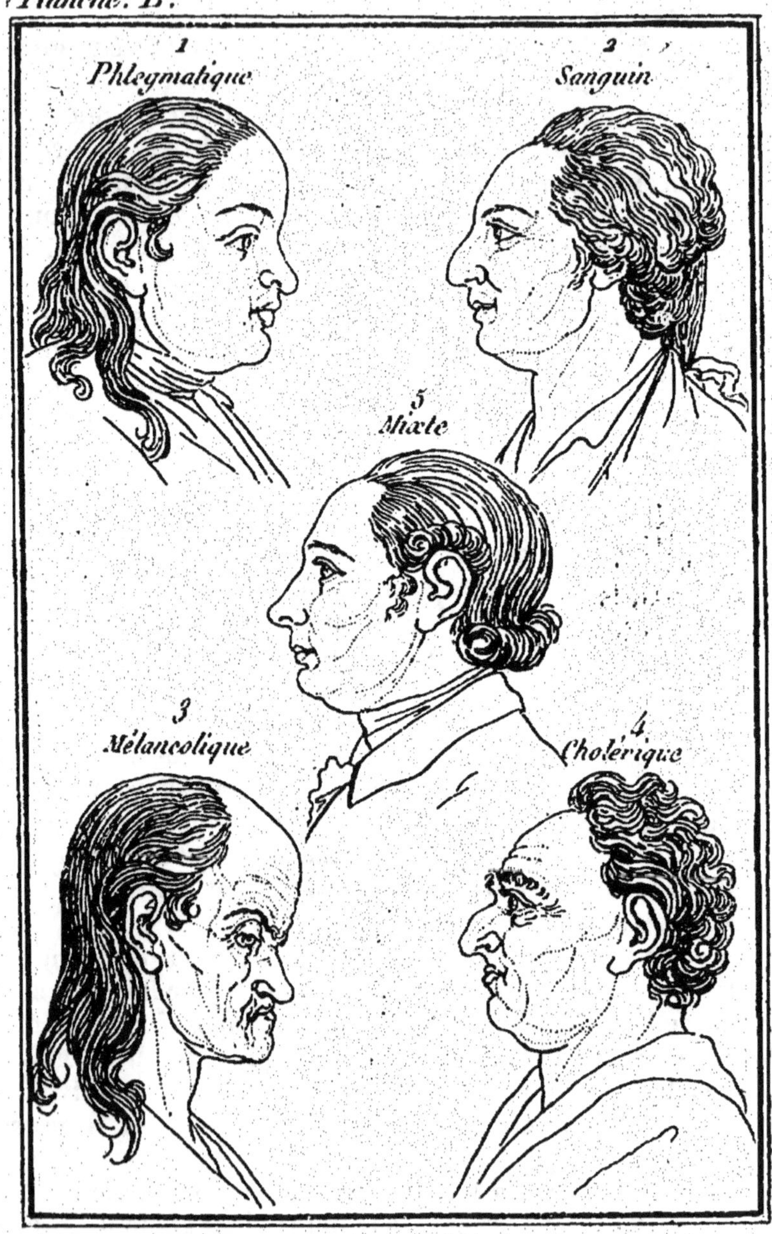
Planche. B.
1
Phlegmatique
2
Sanguin
5
Mixte
3
Mélancolique
4
Cholérique

se peint l'attention vous fournira des indices qui vous aideront à déchiffrer les qualités les plus estimables. Un homme que vous verrez fixer d'un regard attentif et tranquille chaque objet dont il s'occupe est un sujet d'étude admirable pour le physionomiste. »

CHAPITRE IV

Des tempéraments.

De même que chacun de nous a sa forme et sa physionomie, de même aussi chaque corps humain à son tempérament particulier. L'humidité, la sécheresse, la chaleur et le froid sont les quatre qualités principales du corps, comme aussi ces quatre qualités ont pour base les quatre éléments, l'eau, la terre, le feu et l'air.

De là naissent quatre tempéraments principaux : la colère où la chaleur domine, le flegmatique où l'humidité a le dessus, le sanguin où il y a plus d'air et le mélancolique où la terre prévaut. C'est-à-dire que l'élément dominant est celui qui fournit le plus de parcelles dans la composition de la masse du sang et du suc nerveux ; c'est dans cette dernière partie surtout qu'il se convertit en substances infiniment subtiles et pour ainsi dire volatiles.

Dans l'estimation des tempéraments, ou plutôt du degré d'irritabilité sur un même objet donné, il faut distinguer soigneusement deux choses : une tension momentanée et l'irritabilité en général, ou, en d'autres termes, la *physionomie* et le *pathos* du tempérament.

On observera encore que la température ou l'irritabilité du système nerveux de chaque être organique répond à des contours déterminés ; que le profil seul, par exemple, offre des lignes dont la flexion permet d'établir le degré d'irritabilité.

Tous les contours du profil du visage ou du corps humain en général présentent des lignes caractéristiques, que nous pouvons considérer au moins de deux manières différentes : d'abord suivant leur nature intérieure, ensuite d'après leur position. Leur nature intérieure est de deux sortes, droite ou courbe ; l'extérieure est ou perpendiculaire, ou oblique. L'une et l'autre ont plusieurs subdivisions, mais qu'il n'est pas difficile de classifier. Si l'on ajoutait encore à ces contours du profil quelques lignes fondamentales du front, placées les unes au-dessus des autres, je ne douterais plus qu'on ne parvînt à en déduire la température de chaque individu, le plus haut et le plus bas degré de son irritabilité, en un mot sa physionomie.

Le *pathos* du tempérament, l'instant de son irritation effective, se montre dans le mouvement des muscles, lequel est toujours dépendant de la constitution et de la forme de l'individu. Il est vrai que chaque tête est susceptible, jusqu'à un certain degré, de tous les mouvements des passions ; mais comme ce degré est infiniment plus difficile à trouver et à déterminer que les contours dans l'état de repos et que ceux-ci nous mettent d'ailleurs à portée de juger, par induction, du degré d'élasticité et d'irritabilité, on pourrait, pour commencer, s'en tenir à ces contours seuls et même se contenter de la ligne du visage en profil, ou de la ligne fondamentale du front, puisque la tête est le sommaire de tout le corps et que le profil ou la ligne fondamentale du front est à son tour le sommaire de la tête. Plus une ligne approche de la forme circulaire et à plus forte raison de l'ovale, plus elle répugne à la chaleur du tempérament colère ; au contraire elle en est l'indice plus ou moins certain, à mesure qu'elle est droite, oblique ou coupée.

Dans le n° 1, planche B, tout montre le flegmatique. Toutes les parties du visage sont émoussées, charnues, arrondies, les sourcils hauts et peu fournis, le front arrondi, également incapable d'énergie et de réflexion.

Le n° 2 est l'image du sanguin. Ses vaisseaux, accoutumés à se gonfler au moindre mouvement, sont marqués sur son visage. Ses yeux sont animés, et sa bouche décèle un penchant au plaisir.

On reconnaît le colérique (n° 4) à l'épaisseur des sourcils, à la pointe du nez aiguë et énergique, la narine large et marquant une respiration plus forte. Chez les gens fort colères, on aperçoit beaucoup de blanc au-dessous de la prunelle et en même temps la paupière supérieure se retire, au point qu'elle disparaît presque entièrement, tant que l'œil reste ouvert ; ou bien, si l'œil est enfoncé, les contours en sont vigoureusement prononcés. Ceux du flegmatique, au contraire, sont plus mous, plus émoussés, plus flasques et moins tendus. Vu de profil, l'œil du colère présente des contours fortement courbés, tandis que chez le flegmatique ils sont légèrement ondés. Une lèvre de dessous qui avance est toujours l'indice de ce dernier tempérament ; elle provient de la surabondance et non de la disette des humeurs ; si en outre elle est anguleuse et fortement exprimée, elle devient la marque d'un flegme mêlé d'une teinte colérique, c'est-à-dire d'une humeur tranquille, qui peut se laisser aller aux premiers bouillons de la colère. La lèvre d'en bas est-elle molle, écourtée, pendante — alors c'est du flegme tout pur.

On reconnaîtra sans doute une grande vérité dans le profil du *mélancolique* (n° 3). Ce regard opiniatrément baissé ne se relèvera pas pour contempler et admirer les merveilles du firmament. Un point obscur l'attache à la terre et absorbe toutes ses pensées. La lèvre, le menton, les plis de la joue, annoncent une âme sombre et chagrine qui ne s'ouvre jamais à la joie. L'ensemble de la forme et les sillons du front répugnent absolument à la gaîté ; tout, jusqu'à ces longs cheveux plats, ajoute à l'air de tristesse qui est répandu sur cette figure.

Il y a des mélancoliques d'un tempérament très sanguin. Irritables au dernier point, doués d'un sentiment moral exquis, ils se laissent entraîner au vice. Ils le détestent et n'ont pas assez de force pour lui résister. La tristesse et l'abattement auquel ils sont livrés se peignent dans leur regard, qui cherche à se cacher, et dans quelques petites rides irrégulières qui se forment sur le front, et tandis que les mélancoliques proprement dits ont ordinairement la coutume de fermer la bouche, ceux dont je parle la tiennent toujours un peu entr'ouverte. Souvent les gens mélancoliques ont les narines petites : rarement vous leur trouverez les dents belles ou bien rangées.

On remarque en général que les personnes gaies ont

de belles dents. Cela vient, sans doute, de ce que leur bouche, s'ouvrant à chaque instant pour rire, l'air, qui est le souverain conservateur et réparateur de tout, frappe plus souvent leurs dents et en fortifie l'émail. Chez les mélancoliques, au contraire, les lèvres sont presque toujours jointes, ou même pressées l'une contre l'autre, de sorte que leurs dents, n'étant point rafraîchies par le contact de l'air, perdent peu à peu leur émail et deviennent très aisées à carier. Par la même raison, on a observé plus d'une fois que les personnes qui dorment la bouche ouverte ont les dents belles et d'un superbe émail.

Le tempérament *mixte* (n° 5) est très difficile à caractériser. Sa physionomie est trop marquée pour le flegmatique, trop douce pour le colère, trop sérieuse pour le sanguin, trop ouverte, pas assez profonde, ni assez sillonnée pour le mélancolique. Un homme de cette trempe ne produira rien de neuf : mais il s'entendra à choisir, ranger et combiner les matériaux qui sont à sa disposition. Une grande mémoire, une élocution aisée, le choix des expressions, beaucoup de zèle à poursuivre un but, voilà ce qui semble distinguer particulièrement les physionomies de cette espèce.

Il y a des physionomies qu'on serait tenté d'appeler *pétrifiées*. Elles sont isolées, n'intéressent personne, ne participent à rien, ne sont susceptibles de rien et se communiquent difficilement. Ces sortes de gens ne sont ni bons ni mauvais, ni sensés ni insensés, ils n'ont ni vices ni vertus, et leur caractère est de n'en point avoir.

CHAPITRE V

De la force et de la faiblesse des constitutions.

On appelle force de corps, cette faculté naturelle de l'homme en vertu de laquelle il agit puissamment et sans effort sur un autre corps, sans céder aisément lui-même à une impulsion étrangère : plus un homme est difficile à être mû, plus il est fort ; moins il résiste au choc d'un autre corps, plus il est faible.

On distingue deux sortes de forces : l'une *tranquille*, dont l'essence consiste dans l'immobilité ; l'autre *vive*, qui a pour essence le mouvement, c'est-à-dire qui le produit sans y céder elle-même. Celle-ci rappelle l'élasticité d'un ressort, celle-là la fermeté d'un rocher.

Je mets au premier rang des gens forts ces espèces d'Hercules, chez qui tout annonce la constitution la plus robuste ; ils sont tout os et tout nerf ; leur taille est élevée, leur chair est ferme et compacte, ce sont des colonnes inébranlables.

Ceux de la seconde classe sont d'une complexion qui n'a pas la même fermeté, ni la même densité ; ils ont moins de corpulence et sont moins massifs que les précédents ; mais leur puissance se développe en raison des obstacles qu'elle éprouve. Lutte-t-on contre eux ? veut-on réprimer leur activité ? ils soutiennent le choc avec vigueur et le repoussent avec une force élastique, dont les gens les plus nerveux seraient à peine capables.

La force naturelle de l'éléphant dépend de son système osseux ; irrité ou non, il porte des fardeaux immenses ; il écrase sans aucun effort, et sans le vouloir, tout ce qu'il rencontre sous ses pas. La force d'un lion irrité est d'un genre bien différent : mais ces deux espèces de forces supposent la solidité des parties fondamentales et la même solidité dans l'ensemble.

La mollesse du corps en détruit la force. Il est donc facile de juger de la force primitive d'un homme par la mollesse ou par la solidité de sa complexion. De même aussi un corps élastique a des signes distinctifs. Quelle différence entre le pied de l'éléphant et celui du cerf, entre le pied d'une guêpe et celui d'un moucheron !

Une force solide et tranquille se manifeste par une taille bien proportionnée, plutôt trop courte que trop haute, par une nuque épaisse, de larges épaules, un visage plus osseux que charnu, même en pleine santé.

Voici quelques autres signes qui annoncent cette espèce de force : un front court, compact et même noué ; des sinus frontaux bien marqués, qui n'avancent pas trop et qui sont entièrement unis au milieu ou fortement incisés, mais dont la cavité ne doit pas se borner à un simple aplatissement de la surface ; des sourcils touffus et serrés, placés horizontalement et qui joignent les yeux de près ; des yeux enfoncés et un regard assuré ; un nez large, ferme, osseux près de la racine ; des contours droits et angulaires, les cheveux et les poils de la barbe courts, frisés et épais ; de petites dents un peu larges et bien rangées ; des lèvres closes et dont celle de dessous déborde plutôt qu'elle ne recule ; un large menton qui avance ; l'os occipital noueux et saillant ; une voix pleine ; une démarche ferme.

La force élastique, la force vive, qui est un effet de l'irritation, doit être aperçue dans le moment de l'activité : mais on observera de faire abstraction des signes de cette activité, lorsque la force irritée sera réduite à son état de repos. On dira donc que tel corps, qui dans l'inactivité est capable de si peu de chose, qui opère et résiste alors si faiblement, peut être irrité et tendu jusqu'à tel point, peut acquérir tel degré de vigueur. Il se trouvera que cette espèce de force, qui est réveillée par l'irritation, réside la plupart du temps dans un corps délié, assez haut de taille, sans pourtant l'être trop et en même temps plus osseux que charnu. Vous reconnaîtrez presque toujours à ces sortes de personnes un teint pâle tirant sur le brun ; le mouvement prompt quoiqu'un peu raide ; une démarche ferme et rapide ; le regard fixe et perçant ; des lèvres bien façonnées, qui joignent légèrement, mais exactement.

Les indices suivants sont ceux de la faiblesse, une grande structure sans proportion ; beaucoup de chair et peu d'os ; la tension des muscles ; une contenance mal assurée ; une peau lâche ; les contours du front et du nez arrondis, émoussés, et surtout creusés ; un petit nez et de petites narines ; le menton court et rentrant ; un long cou cylindrique ; le mouvement ou fort rapide, ou fort lent, mais dans l'un et l'autre cas point de démarche ferme ; le regard sombre ; les paupières abattues ; la bouche béante ; les dents longues, jaunâtres, ou verdâtres ; une mâchoire allongée, avec une emboîture près de

l'oreille; la chair blanche; une chevelure blonde, douce
et longue, la voix claire, etc.

CHAPITRE VI

Qualités physiques et morales de chaque tempérament.
Tempérament colère.

Les gens d'un tempérament colère ou bilieux ont ordinairement les cheveux d'un noir très foncé et crépus;
les yeux grands et noirs ; les sourcils fort garnis; une
barbe noire forte et épaisse ; les bras nerveux, la peau
brune ou olivâtre ; de gros os, une chair compacte. On
trouve assez souvent en eux non cette beauté florissante
qui séduit au premier coup d'œil, mais ces traits mâles et
décidés qui se conservent longtemps et plaisent par leur
régularité plutôt que par une couleur agréable.

Ils ont peu de génie et peu d'esprit : mais, s'ils n'ont
pas le jugement aussi facile que les sanguins, ils ont en
revanche plus de solidité et de réflexion. L'amour est
chez eux une véritable passion, qui ne va guère sans une
jalousie effrénée. Constants en amour, ils ne sont ni
sensibles ni fidèles en amitié. Soit défiance, soit fausseté,
ils s'attachent difficilement et font cependant beaucoup
de démonstrations aux personnes dont ils attendent des
services, c'est-à-dire qu'ils n'aiment ou plutôt ne font
semblant d'aimer que les personnes dont ils ont besoin.
On leur reproche l'amour de la vengeance et même la
trahison. Souvent les bilieux ne pensent pas ce qu'ils
disent; mais plus souvent encore ils ne disent pas ce qu'ils
pensent. Les cœurs vifs sont bouillants et emportés, mais
tout s'évapore au dehors. Les bilieux au contraire sont
froids et posés; leur langage est amer et piquant; leur
style est mêlé de fiel et d'absinthe. Tandis que la raillerie,
l'injure et l'insulte découlent de leurs lèvres, le venin se
dépose et se cache au fond de leur cœur, pour n'agir qu'en
temps et lieu.

Les bilieux sont ambitieux; mais ils sont encore plus
intéressés. S'ils travaillent, s'ils cultivent les sciences,

c'est l'intérêt personnel beaucoup plus que l'honneur qui les anime et les fait agir. Presque tous sont vains et présomptueux; ivres de leur propre mérite, ils veulent primer en tout, et il suffit de se permettre de n'être pas de leur avis pour s'exposer à leur ressentiment. Ils ont souvent de la dureté dans le caractère; sont presque toujours entêtés et opiniâtres dans ce qu'ils veulent; d'où il arrive que, ne sachant pas plier, ils se rendent désagréables à la société, pour laquelle ils n'ont d'ailleurs aucun goût. La plupart du temps, ils portent la tristesse avec eux; on les voit fuir le monde et les compagnies, quand des accès redoublés les tourmentent, et ne rapporter toutefois de leur solitude qu'un abattement plus profond.

Il est enfin, dans cette classe d'hommes, des individus dont l'accès est si scabreux qu'il faut épier leurs moments commodes; dont l'abord est si rebutant qu'il faut en essuyer les bourrasques; qui ne vous écoutent qu'avec inquiétude et ne peuvent vous répondre sans brusquerie. Au reste, ils sont pour la plupart méfiants et soupçonneux, mais foncièrement sages, réglés, prudents et rassis; parlant peu, réfléchissant beaucoup, et, quoique propres à soutenir la débauche, ils sont peu enclins à s'y livrer.

A quarante ou quarante-cinq ans, le plus grand nombre des bilieux deviennent mélancoliques. Quoique propres par la solidité de leur jugement, par la régularité de leurs mœurs et les principes de sobriété et d'économie qui les distinguent à donner l'éducation la plus solide et à procurer les établissements les plus avantageux à leurs enfants, ils manquent presque toujours leur but et ne recueillent de leurs travaux et de leurs soins que des peines cuisantes et des chagrins amers. La raison en est sensible; mais ils sont seuls à ne pas l'apercevoir. C'est qu'ils ignorent ou veulent ignorer que la rosée la plus bénigne pour faire éclore et fructifier les qualités du cœur est l'indulgence et l'aménité, et que le moyen le plus prompt comme le plus efficace d'aigrir les esprits et les cœurs, c'est de les prendre à rebours.

Pour mieux vous convaincre de ce que la bile a de repoussant et de contraire à la conquête des cœurs, voyez les dévots d'humeur mélancolique et bilieuse, suivez-les surtout dans les moments où ils daignent descendre de leur sainte et sublime élévation pour s'abaisser à quelque acte de bonté ; c'est d'une manière si humiliante pour l'infortuné qui en est l'objet que le mépris qu'il éprouve lui fait maudire le bienfaiteur et rabaisser de beaucoup le prix du bienfait.

C'est avec de telles gens que la reconnaissance devient pour l'ordinaire si pénible qu'on serait tenté de penser, comme *J.-J. Rousseau*, que ce sentiment n'est point dans la nature.

Tempérament sanguin.

Les sanguins ont la physionomie vive, parlante et animée ; des yeux intéressants et doux, pleins d'esprit et de feu, et ordinairement bleus, le teint beau, une couleur agréable, la bouche vermeille, une figure délicate et fleurie. L'image de leur âme se peint sur leur physionomie ; un sourire agréable orne leurs lèvres et prévient en leur faveur. L'excellence de leur caractère perce à travers leurs organes qu'embellit la nature.

Leur chair, sans être trop velue, n'est ni trop ferme, ni trop molle ; mais belle, douce et blanche, surtout dans la jeunesse. Leur peau porte presque toujours l'empreinte de quelque signe, tels que des lentilles, fraises, pois ou autres verrues que l'on voit sur leur visage ou sur leur corps. Leur pouls est vif, mais doux et uniforme ; leurs cheveux sont le plus ordinairement blonds, mais aussi quelquefois châtains.

La nature semble ici négliger les forces physiques, pour se tourner tout entière du côté des qualités de l'esprit, qu'elle prodigue avec complaisance aux sanguins. Leurs membres sont souples et agiles, mais peu propres aux grands travaux. Ils s'y portent cependant avec une extrême activité, et, par la même raison, ils ne peuvent les soutenir bien longtemps.

L'impétuosité de caractère dans les sanguins est seule le principe de tout ce que leur âme opère de grand et d'extraordinaire ; elle seule est le vrai trésor du génie et des vertus et ne va guère sans une grande étendue de lumière. Ils ont une imagination brillante et fertile et une mémoire heureuse; mais cette vivacité d'imagination précipite et égare quelquefois leur jugement; on les voit alors suivre plutôt la passion que la vérité, parce que, avec moins de raison que d'esprit, ils agissent plus par sentiment que par réflexion.

Ennemis de toute contrainte, ils sont indépendants dans leurs goûts; parce que le sang le mieux conditionné tant à raison de sa quantité que de son mélange et de son mouvement, n'en est pas moins exposé à des changements continuels, qui influent sur les opérations de l'âme et sur celles de l'esprit.

C'est cette pétulance d'imagination qui les entraîne aux plaisirs avec une impétuosité toujours nouvelle, à laquelle ils sacrifient leur temps, leur repos, leur fortune, leur santé et tout leur être. Cette imagination si riche en tableaux riants et remplis de charmes leur fait rejeter obstinément les objets de douleur et de peine; ou du moins elle ne les leur peint jamais si vivement qu'une affection contraire ne puisse les effacer. Les maux qu'ils craignent sont-ils arrivés? Ils les sentent vivement un instant; mais le moment d'après en voit disparaître le souvenir; d'où il arrive que, aimant mieux jouir que souffrir, ils se refusent aux souvenirs tristes et déplaisants qui sont inutiles, pour ne livrer leur cœur tout entier qu'aux objets qui le flattent.

Les sanguins en général sont bons, braves et courageux; leur esprit est enjoué et communique aisément sa gaîté; leur cœur est sensible et vrai : touchés des plus petites attentions, flattés des moindres prévenances, ils mettent les plus faibles services au rang des bienfaits. A une physionomie ouverte qui respire la candeur et l'ingénuité, ils joignent pour l'ordinaire des manières aisées et la plus agréable franchise. Autant on remarque en eux de douceur et de confiance, autant ils sont aisés à irriter. La moindre injustice les révolte. On leur reproche d'être quelquefois un peu brusques, et la moindre émotion se peint sur leur visage : mais, s'ils s'emportent aisément, ils se calment de même, car ils sont aussi peu vindicatifs que peu amis de la discorde et des querelles. On peut même dire que le premier feu de leur ressentiment est au fond moins un aveugle transport de colère qu'une éruption subite et passagère de leur délicate sensibilité. En un mot ils oublient si facilement les offenses qu'ils n'ont presque pas de mérite à pardonner.

Les sanguins aiment plutôt par goût et par caprice que par un véritable attachement. La marche de l'amitié est trop tranquille ou trop uniforme pour les captiver; il leur faut d'autres objets pour satisfaire leur besoin d'aimer ; de là vient la passion des uns pour les fleurs ou pour les oiseaux ; des autres pour les livres, pour les gravures, les chevaux, la chasse, etc. Si leurs goûts se tournent vers les arts ou les sciences agréables, ils les cultivent avec le plus grand succès.

L'honneur est pour eux un mobile mille fois plus puissant que l'intérêt. Aussi ne craignez jamais de leur part rien de bas ni de méchant. Un homme d'un tel caractère ne cherchera jamais à rehausser son mérite en déprimant le vôtre; il sera tout à la fois votre rival et votre ami. Son courage s'éveillera à l'admiration qu'on aura pour vous ; mais ce sera sans exciter sa haine. Il vous louera sincèrement et sans autre chagrin que celui de ne pas mériter de semblables éloges. Enfin, s'il s'efforce de vous devancer dans la carrière où vous courez, ne craignez point qu'il vous nuise; il vous tendra plutôt la main pour vous soutenir que de s'avilir à vous préparer des pièges pour vous faire tomber.

Par une suite de vivacité naturelle, le sanguin soigne trop peu ses paroles pour pouvoir les arranger avec art. La pesante succession d'un discours lui devient insupportable. Il lui semble que dans la rapidité des mouvements qu'il éprouve, ce qu'il sent doit être entendu sans le froid ministère de la parole. Ainsi vous trouverez en lui rarement un rhéteur; mais, en revanche, il lui échappe souvent des expressions fortes, énergiques et vigoureuses, qui sont comme des éclairs d'éloquence.

Les sanguins dans leur carrière sont les premiers à briller. Ils excellent, comme nous avons dit, dans les sciences agréables et dans les arts. Mais on doit observer que, dans leurs progrès, le désir de la gloire a beaucoup plus d'empire sur eux que les vues d'intérêt qui remuent les autres. L'honneur est leur mobile, et, quand tous les autres ressorts sont usés, il reste toujours celui-ci, qui est le plus puissant pour les faire mouvoir. Si vous leur persuadez que le luxe, la mollesse et les autres vices ne peuvent que les éloigner de leur but, ce sera par le charme de l'heureuse insinuation, qui prend infiniment plus sur eux que le froid langage d'une morale débitée d'un ton impérieux et dur. Si, dis-je, vous leur faites entendre que l'équité, la modestie, la tempérance et les autres vertus sont le chemin que l'honnête homme doit suivre, le vice n'aura plus rien qui les attire et la vertu rien qui les rebute. Ils se dégoûteront du vice par l'infamie qu'ils y verront attachée et s'enfammeront pour la vertu, par l'honneur dont ils espéreront se couvrir en marchant à sa suite.

C'est sans doute une bonne constitution que celle des sanguins : mais la nature si prodigue envers eux, cette mère soigneuse qui se plait à les embellir, veut qu'on respecte son ouvrage et sait venger l'abus qu'on fait de ses dons. Sans parler des causes morbifiques qui enlèvent dans leur printemps ceux d'entre ces enfants de prédilection qui avalent à longs traits le poison de la volupté, il ne faut, pour abréger leurs jours, que la vivacité naturelle et l'irritable sensibilité qui leur sont propres. Trop d'ennemis les excitent au dedans, trop de pièges les environnent au dehors, pour qu'une vigilance continuelle sur eux-mêmes ne doive pas régler tous leurs désirs et assurer tous leurs pas. Mais, hélas ! tels sont ces hommes d'ailleurs si dignes d'envie que, aveuglément dociles à leurs sens, ils écoutent rarement d'autres conseils que ceux de leur propre expérience. En sorte qu'on peut dire que, quand ils sont sages, c'est à leurs dépens. Leur esprit pénétrant aperçoit le bien ; la droiture de leur cœur l'approuve ; mais l'empire qu'ils laissent prendre à leurs penchants les aveugle, les entraîne vers le mal et finit par les précipiter souvent dans l'abîme.

Tempérament mélancolique.

Les mélancoliques sont ordinairement grands, un peu voûtés ; la plupart ont les yeux bruns, langoureux dans la jeunesse, mais sombres et abattus dans un âge plus avancé, les lèvres pressées l'une contre l'autre, la bouche renfoncée et le menton avancé ; la couleur de leur teint approche plus du jaune que du brun. Leur peau est sèche, polie et lisse ; leurs cheveux sont longs et plats. On voit peu de personnes de ce tempérament fournir une carrière bien longue, parce qu'aux humeurs noires dont ils abondent ils ajoutent presque toujours un fond de pensées tristes, de réflexions déchirantes qui les conduisent à la consomption. Ils sont ordinairement grands mangeurs et même sujets à la boulimie (1).

Leur esprit rempli de nuages et d'idées monstrueuses s'effarouche, se défie et s'ombrage de tout. Le moindre petit revers, la moindre sensation douloureuse, les jettent dans l'abattement et le désespoir. Ils sont en général taciturnes, sombres, pensifs et rêveurs, parlant seuls, difficiles et inquiets. Ils sont craintifs, soupçonneux, méfiants, timides et néanmoins ardents, dédaigneux et inflexibles.

Comme les impressions agissent difficilement sur eux, leur attention se continue aussi plus longtemps sur un objet particulier. Ils s'appesantissent sur un sujet qui les applique et tiennent fortement à ce qui a pu les affecter.

La mélancolie n'est pas toujours ennemie de la volupté ; elle se prête aux illusions de l'amour, et, si elle se plaît à savourer les plaisirs délicats de l'âme, elle ne rejette pas pour cela les plaisirs des sens.

Envieux de la réputation et des succès d'autrui, le mélancolique se croit flétri, déshonoré par toute gloire qui ne lui revient pas. Il regarde comme une offense le mérite qui l'offusque et cherche à l'obscurcir par la mali-

---

(1) Boulimie : terme de médecine ; il vient de deux mots grecs qui signifient bœuf et faim ; comme si on voulait dire qu'un homme attaqué de cette maladie serait capable de manger un bœuf.

gnité des réflexions et des censures. La noble générosité l'accompagne rarement, lorsqu'il s'agit de réussir dans ses projets d'avarice ou d'ambition. Il emprunte, s'il le faut, l'apparence de la piété. Elle est pour lui une vertu d'apparat et non de caractère. L'espérance la fait naître, l'égoïsme la produit, l'intérêt la soutient.

Ces gens froids, dans l'âme de qui l'hypocrisie semble avoir choisi son sanctuaire, n'agissent jamais infructueusement. Donnant par intérêt, ils reçoivent sans reconnaissance. Censeurs nés de tout ce qu'ils voient et de tout ce qu'ils entendent, leur langage prend le ton des jérémiades. Vous ne les entendez parler que de choses lamentables, et leurs doléances leur paraissent si justes qu'on leur devient suspect, si on ne se contrefait pas, pour pleurer avec eux.

Les mélancoliques sont presque tous amants jaloux, amis ennuyeux, voisins incommodes, pères durs et austères, maris désolés et désespérants. Leurs mœurs honnêtes font qu'on les ménage et qu'on les respecte; mais le penchant malin qu'ils ont à habiller des couleurs du crime les moindres amusements des autres fait qu'on évite avec soin de se trouver avec eux; c'est ainsi qu'avec un goût constant et décidé pour la rêverie, avec leur humeur sauvage, des manières peu aimables, ces hommes féroces ne savent se faire aimer. Étrangers aux plaisirs de la société; ne tenant à personne, ne regardant tous les objets qu'avec une indifférence moqueuse, une insensibilité opiniâtre et raisonnée; dédaignant tous les nœuds destinés à rendre les hommes heureux; ne goûtant jamais le plaisir de s'épancher dans le sein de l'amitié, ils traînent une pénible existence et quittent la vie sans être regrettés.

Le tempérament mélancolique a produit de grands hommes et des héros; mais il a produit aussi des ambitieux et des scélérats. Les personnes de ce tempérament sont bien plus dangereuses lorsqu'elles mènent une vie sédentaire et retirée. Les monastères ont vomi souvent des fanatiques et des monstres de ce genre. Le jacobin *Jacques Clément*, assassin d'*Henri III*, était d'un tempérament mélancolique. Les entreprises les plus fortes, les complots les plus noirs, les trahisons les plus insignes, les desseins les plus téméraires, les forfaits les plus inouïs rien n'effraie un mélancolique fanatisé, rien ne le rebute. Il se précipite au devant du danger avec une aveugle impétuosité. Plus il réfléchit, plus il s'égare ; et que pourrait la lumière de sa faible raison contre les torches brûlantes de la haine et du fanatisme, puisque l'infamie et la mort même sont à ses yeux la palme du martyre?

Tempérament flegmatique.

Les flegmatiques ont en général la taille avantageuse et grandissent de bonne heure. Ils ont les yeux bleus et grands, mais éteints, le regard humble et languissant. Leur tête est ronde et pleine, leur nez court, leur peau très blanche, polie et belle. Leurs cheveux blonds se bouclent naturellement dans la jeunesse et deviennent châtains en vieillissant. Leur visage est sans couleur et quelquefois bouffi. L'abondante sérosité de leur sang en rend non seulement la circulation tardive et languissante, mais elle fait encore que toutes leurs fonctions, tant celles de l'âme que celles du corps, s'exécutent avec lenteur et une espèce d'engourdissement. Ils ont peu d'appétit, digèrent mal et lentement. Aussi supportent-ils la faim plus facilement et plus longtemps que les autres tempéraments.

Leur enfance ne peut mieux être représentée que par ces anges ou ces groupes d'amours qui ornent nos gravures. C'est l'image fidèle de leur tête blonde et frisée, de leur estomac charnu, de leurs mains potelées et cuisses grosses et courtes.

Quoique les flegmatiques aient quelques traits de ressemblance avec les sanguins, il serait difficile cependant de les confondre quant aux qualités morales, car la nature, en formant les flegmatiques, a semblé négliger tout le reste pour ne s'attacher qu'à arrondir la masse de leur physique.

Les personnes de ce tempérament ont l'imagination froide, la mémoire ingrate et stérile. Les fonctions de leur esprit sont faibles et languissantes ; mais leur cœur est bon et sensible à l'amitié. Vous ne trouverez point en eux ces fâcheuses alternatives d'amitié, de froideur, d'épanchements et d'indifférence, de confidences et de mystères, qui dans d'autres caractères opposent l'homme du matin à celui du soir.

L'orgueil, l'ambition, l'avarice, la haine sont des vices que les flegmatiques ignorent. Leur esprit pacifique ne souffre pas même l'idée de la vengeance. Mais, si leur cœur est exempt de fiel et d'amertune, on les accuse d'être quelquefois curieux et peu discrets. Ils n'ont ni hauteur ni dédain : mais ils sont susceptibles et rampants. Loin de chercher à se produire, leur timidité naturelle les porte à se tenir cachés. Dans le commerce ordinaire de la vie, on les reconnaît à cette douce aménitéqui vient d'un esprit paisible et d'un cœur calme, à ces mœurs faciles exemptes de sévérité. Toujours maître d'eux-mêmes, on les voit jouir d'une sérénité qui, pour n'être souvent que l'effet de la nature plutôt que le fruit de la raison, n'en contribue pas moins aux douceurs de la vie et de la société. Les flegmatiques ne sont pas les chefs de famille les plus actifs et les plus intrigants ; mais ce sont les pères les plus tendres. S'ils ne sont pas toujours des maris heureux, c'est qu'il est des femmes altières qui n'aiment pas assez les douceurs de la paix.

CHAPITRE VII

De l'attitude et du geste.

Dans toutes les organisations, la nature opère du dedans au dehors ; chaque circonférence y aboutit à un centre commun. La même force vitale qui fait battre le cœur meut aussi le bout des doigts. Une même force a voûté le crâne et l'orteil. L'art ne fait qu'apparier, et en cela il diffère de la nature. Celle-ci forme le tout d'une seule pièce et d'un même jet. Le dos se lie à la tête, l'épaule produit le bras ; du bras naît la main, et la main à son tour est l'origine des doigts. Partout, la souche produit la tige, celle-ci pousse les branches, les branches portent les fleurs et les fruits. Une partie tient à l'autre comme à sa racine. Elles sont toutes de la même nature, toutes *homogènes*. Tout ce qui tient à l'homme dérive de la même source : la forme, la stature, la couleur, les cheveux, la peau, les veines, les nerfs, les os, la voix, la démarche, les manières, le style, les passions, l'amour et la haine. Il est toujours un, toujours le même.

Le corps humain peut donc être considéré comme une plante, dont chaque partie conserve le caractère de la tige. On doit juger d'après cela combien une certaine manière d'être du corps, contractée par une longue habitude, doit présenter à l'observateur de réflexions; car enfin cette habitude n'est-elle pas causée par la disposition intérieure qui fait mouvoir le corps, comme une machine, et le façonne peu à peu de manière à le rendre plus apte à telle ou telle action, telle ou telle sensation? Personne ne balance un seul instant à juger de la vivacité d'une personne ou de sa nonchalance, sur son attitude et sur le moindre de ses gestes. Or, comme l'attitude d'un individu est ce qui frappe davantage à la première vue, c'est à cet ensemble harmonique et parlant que nous appliquerons d'abord les principes physionomiques.

1° La proportion du corps et le rapport qui se trouve entre ses parties déterminent le caractère moral et intellectuel de chaque individu;

2° Il y a une harmonie complète entre la stature d'un homme et son caractère. Pour mieux s'en convaincre, il est bon d'étudier les extrêmes, les géants et les nains, les corps trop charnus ou trop maigres;

3° La même convenance subsiste entre la forme du visage et celle du corps; l'une et l'autre de ces formes sont en accord avec les traits de la physionomie, et tous ces résultats dérivent d'une seule et même cause;

4° Un corps orné de toutes les beautés de proportion possibles serait un phénomène tout aussi extraordinaire qu'un homme souverainement sage ou souverainement vertueux;

5° La vertu et la sagesse peuvent résider dans toutes les statures qui ne s'écartent point du cours ordinaire de la nature;

6° Mais plus la stature et la forme seront parfaites, et plus la sagesse et la vertu y exerceront un empire supérieur, dominant et positif; au contraire, plus le corps s'éloigne de la perfection, et plus les facultés intellectuelles et morales y seront inférieures, subordonnées et négatives;

7° Parmi les statures et les proportions, comme parmi les physionomies, les unes nous attirent universellement, et les autres nous repoussent ou du moins nous déplaisent.

On peut dire la même chose des attitudes et du geste. L'homme se ressemble en toutes choses. Il est, si l'on veut, l'être le plus contradictoire qui soit au monde, mais il n'en est pas moins toujours lui, toujours lui-même. Ses contradictions même ont une espèce d'homogénéité. Notre image se reproduit, se conserve, se multiplie dans tout ce qui tient à nous et dans tout ce que nous faisons. Rien de plus significatif surtout que les gestes qui accompagnent l'attitude et la démarche. Naturel ou affecté, rapide ou lent, passionné ou froid, grave ou badin, aisé ou forcé, dégagé ou raide, noble ou bas, fier ou humble, hardi ou timide, décent ou ridicule, agréable, gracieux, imposant, menaçant, le geste est différencié de milles manières.

Notre démarche et notre maintien ne sont à la vérité naturels qu'en partie, et, la plupart du temps, nous y mêlons quelque chose d'emprunté ou d'imité. Mais ces imitations même et les habitudes qu'elles nous font contracter sont encore des résultats de la nature et rentrent dans le caractère primitif. Par exemple, je n'attendrai jamais une humeur douce et tranquille d'un homme qui s'agite sans cesse avec violence, et je ne craindrai ni emportement ni excès de quelqu'un dont le maintien est sage et posé. Je doute aussi qu'avec une démarche alerte on puisse être lent et paresseux, et celui qui se traîne nonchalamment, à pas comptés, n'annonce guère un esprit vif et entreprenant.

CHAPITRE VIII

Du dessin, du coloris et de l'écriture.

Tous les mouvements de notre corps reçoivent leurs modifications du tempérament et du caractère. Nos instincts, nos facultés, nos penchants diffèrent les uns des autres, et cependant ils se ressemblent tous. Quelque opposés qu'ils paraissent souvent, ils ne se contrarient point. Ce sont des conjurés ligués ensemble par des liens inséparables.

De tous nos exercices habituels, il n'en est point d'aussi variés que les mouvements de la main et des doigts, surtout l'écriture. Combien le moindre mot jeté sur le papier ne renferme-t-il pas de points différents et de courbes ?

Chaque tableau, chaque figure détachée conserve et rappelle le caractère du peintre.

Chaque dessinateur et chaque peintre se reproduit plus ou moins dans ses ouvrages ; on y démêle quelque chose de son extérieur, ou de son esprit. Que cent peintres, que tous les écoliers d'un même maître dessinent la même figure, — que toutes ces copies ressemblent à l'original, de la manière la plus frappante, — elles n'en auront pas moins chacune un caractère particulier, une teinte et une touche qui les feront distinguer.

Il est étonnant jusqu'à quel point le personnel des artistes reparaît dans leur style et dans leur coloris. Tous les peintres, dessinateurs et graveurs qui ont une belle chevelure, excellent presque toujours dans cette partie, et ceux d'entre eux qui portaient autrefois la barbe longue ne manquaient jamais de présenter dans leurs tableaux des figures ornées d'une barbe vénérable et de la travailler avec soin. Une comparaison réfléchie de plusieurs yeux et de plusieurs mains, dessinés par un même maître, pourra souvent faire juger de la couleur des yeux de l'artiste et de la forme de ses mains. *Van-Dyck* nous en offre la preuve. Dans tous les ouvrages de *Rubens*, on voit percer l'esprit de sa physionomie ; on y reconnaît son génie vaste et productif, son pinceau hardi et rapide, qui ne s'astreignait point à une exactitude scrupuleuse; on sent qu'il s'attachait de préférence et par goût au coloris des chairs et à l'élégance de la draperie.

Ce qui prouve évidemment que notre constitution influe beaucoup sur les couleurs, c'est qu'elles changent souvent à nos yeux selon nos maladies, ou la qualité de notre sang. Une personne attaquée de la jaunisse voit tout en jaune. Les pâles couleurs donnent à tous les objets une couleur pâle et blafarde. En un mot, il est vrai de dire au physique comme au moral que, suivant notre disposition habituelle, nous voyons les choses en noir ou couleur de rose. Il n'est donc pas surprenant que le coloris des peintres conserve la teinte de leur humeur et de leur caractère.

La diversité des écritures mérite aussi quelque attention. Il n'est pas douteux qu'elles n'aient leur physionomie particulière, et cela est si vrai que, dans les crimes de faux, elle sert de guide aux tribunaux pour constater la vérité.

Cette différence d'écritures est fondée sur la différence réelle du caractère moral : mais ce caractère se peint beaucoup mieux dans ce qui vient d'une main très habituée à écrire, comme dans celle d'un auteur, ou d'un homme qui ne s'attache pas particulièrement à la beauté des caractères qu'il trace sur le papier, et qui s'occupe davantage de sa production et des beautés qui sortent de sa plume. Les maîtres d'écriture, les commis subalternes, les gens qui par état sont obligés d'écrire des choses vides de sens et dénuées de tout intérêt, ou qui ont beaucoup de temps à y employer; ceux enfin qui font de l'écriture un objet capital y réussissent assez ordinairement, car il faut pour cela une application soutenue qui ne saurait convenir à un esprit bouillant, encore moins à un homme de génie.

On observe que les personnes d'un caractère dur et peu liant ont pour l'ordinaire une belle écriture.

L'homme faible aura une écriture lâche et vacillante, c'est ce qu'on remarque dans presque toutes les écritures de femme.

Les personnes qui ont un ordre extrême dans leur conduite ont une petite écriture serrée et rangée avec beaucoup de symétrie.

Les avares, pour l'ordinaire, écrivent fort mal ; cela vient sans doute de ce que le soin de leur fortune ne leur permet guère de s'appliquer à une chose qui les distrairait de leur objet principal. C'est pour la même raison que les poëtes et les auteurs en général écrivent rarement bien. Ils voudraient suivre en écrivant la rapidité de leurs pensées ; alors les esprits animaux circulent avec plus de vitesse et donnent aux doigts une espèce de mouvement convulsif, qui nuit à la beauté et à la pureté de l'écriture.

En parlant des avares, je vais faire part d'une remarque qui m'a frappé plus d'une fois. On croirait que, d'après les principes rigides de l'économie, ils devraient ménager le papier en écrivant — point du tout : j'ai presque toujours vu chez eux une écriture lâche et allongée. Cela vient peut-être de ce qu'ils veulent que la moindre chose qui leur échappe paraisse un objet très considérable. C'est par ce motif aussi que les procureurs et les gens d'affaires ont inventé la *grosse*. Et soit dit en passant, ils avaient tellement abusé de cette manière d'écrire qu'on fut obligé de fixer le nombre des mots qui devaient entrer dans chaque ligne, et le nombre des lignes qui devaient entrer dans chaque page.

Il y a une écriture nationale, tout comme il y a des physionomies dont chacune retrace quelque chose du caractère de la nation, si bien que les négociants connaissent l'écriture de tel ou tel pays.

La position d'esprit dans laquelle se trouve une personne influe beaucoup sur son écriture, au point qu'à l'ouverture d'une lettre on pourrait juger si elle a été écrite dans une situation tranquille ou inquiète, à la hâte ou à tête reposée.

Il faut distinguer dans l'écriture : la substance et le corps des lettres, leur forme et leur arrondissement, leur hauteur et leur longueur, leur position, leur liaison, l'intervalle qui est entre les lignes : si elles sont droites ou de travers, la netteté de l'écriture, sa légèreté ou sa pesanteur.

Je terminerai ce chapitre par une observation dont tout le monde a été sûrement frappé comme moi : c'est que la plupart du temps on voit une analogie admirable entre le langage, la démarche et l'écriture.

CHAPITRE IX

Du style, du langage et de la voix.

Si jamais chose au monde peut servir à faire connaître l'homme, c'est son style. Tels nous sommes, tels nous parlons et tels nous écrivons. Le physionomiste dira un jour, à la vue d'un orateur, d'un homme de lettres : c'est ainsi qu'il parle, c'est ainsi qu'il écrit. Il dira un jour sur le son de la voix d'un homme qu'il n'a pas vu, sur le style d'un ouvrage dont il ignore l'auteur : cet inconnu doit avoir tels ou tels traits, une autre physionomie n'est pas faite pour lui. Chaque ouvrage porte le caractère de son ouvrier. Un homme dont le front est allongé et presque perpendiculaire aura toujours le style sec et dur. Un autre dont le front est spacieux, arrondi, sans nuances et d'une construction délicate, écrira coulamment et avec légèreté : mais il n'approfondira et ne sentira rien. Celui dont les sinus frontaux sont fort saillants pourra se faire un style coupé, sentencieux et original : mais vous ne trouverez point dans ses compositions la liaison, la pureté et l'élégance qui distinguent les bons écrivains. Enfin avec un front médiocrement élevé, régulièrement voûté, et dont les angles sont doucement marqués près de l'os de l'œil, — avec un tel front, dis-je, on mettra dans ses ouvrages de la vivacité et de la précision, de l'agrément et de la force.

Le son de la voix, son articulation, sa douceur et sa rudesse, sa faiblesse et son étendue, ses inflexions dans le haut et dans le bas, la volubilité ou l'embarras de la langue, tout cela est infiniment caractéristique. Il est presque impossible qu'un son déguisé puisse échapper à une oreille délicate, et, de toutes les dissimulations, celle du langage, quelque raffinée qu'elle soit, est la plus aisée à découvrir. Mais le moyen d'exprimer par des signes tous ces sons de voix si différents? Non seulement on ne parvient pas à les contrefaire, mais la plupart du temps on les défigure. Le moyen surtout d'imiter le langage naïf de la douceur et de la bonté, celui de la candeur et de l'innocence, l'accent de la persuasion, de la vérité et de la bienveillance!

On peut partager les sons de voix en trois classes différentes. Ils seront traînants, ou forcés, ou naturels. Le premier est en deçà, le second au delà, et le troisième au niveau de la vérité.

On pourrait ajouter bien des choses sur les ris et les pleurs, sur les soupirs et les cris. Quelle différence entre le rire affectueux de l'homme sensible et le rire infernal qui se réjouit du mal d'autrui! Il est des larmes qui pénètrent, il en est d'autres qui provoquent l'indignation et le mépris... Mais je laisse toutes ces réflexions au tact et au discernement du lecteur.

Du front.

Le front est la plus caractéristique de toutes les parties du visage.

Quelque ridicules que soient les rêveries que les chiromanciens ont débitées sur les lignes du front, il faut convenir qu'elles sont très significatives en physiologie; mais, au lieu d'influer sur le sort d'un homme, comme l'ont dit plusieurs anciens, elles n'annoncent à mon avis que la mesure de sa force ou de sa faiblesse, de son degré de capacité et d'irritabilité. C'est donc tout au plus dans ce sens qu'elles peuvent servir à faire deviner le sort futur de l'homme, à peu près comme la grandeur ou la médiocrité de sa fortune peuvent nous faire conjecturer le rang auquel il est destiné.

La partie osseuse du front, sa forme, sa hauteur, sa voûte, sa proportion et sa régularité, marquent la disposition et la mesure de nos facultés, notre façon de penser et de sentir. La peau du front, sa position, sa couleur, sa tension ou sa relaxation, font connaître les passions de l'âme, l'état actuel de notre esprit. Ou, en d'autres termes, la partie solide du front indique la mesure interne de nos facultés, et la partie mobile, l'usage que nous en fesons.

Les fronts vus de profil peuvent se réduire à trois classes générales. Ils sont ou penchés en arrière, ou perpendiculaires, ou proéminents.

Les fronts arrondis comme celui de l'âne en ont ordinairement le caractère et les penchants, c'est-à-dire qu'ils sont patients, mais entêtés et peu sensibles comme lui.

Ceux qui ont le front carré et d'une grandeur moyenne sont courageux, sages et magnanimes comme le lion.

Un front fortement sillonné et ridé indique un homme pensif et soucieux; car, lorsque notre esprit est sérieusement occupé, nous fronçons les sourcils.

Ceux qui ont le front nébuleux et rabaissé méditent des actions lugubres, des traits d'audace; c'est de là que vient l'expression *déridez votre front*, c'est-à-dire ayez l'air moins soucieux.

Lorsque les rides ou sillons on leur direction de bas en haut, ils annoncent une personne colère, car ces rides se forment dans les accès de cette passion. Les latins appelaient cette sorte de front *frons rugosa*. Mais un front rude et dur indique l'impudence et la férocité. Ce sont ces sortes de fronts que l'on appelle *fronts d'airain*, qui ne rougissent jamais et qui sont enclins à l'inhumanité et à tant d'autres défauts.

Lorsque les nœuds sont bien disposés, symétriques et carrés, ces sortes de fronts d'airain annoncent un caractère infiniment énergique et entreprenant : mais on aurait grand tort de les accuser indistinctement de férocité.

Le front inégal semble composé de petites éminences qui forment comme des hauteurs, mêlées de vallons et de petits creux : il est un indice du penchant à la tromperie et à l'imposture, surtout quand les hauteurs ne sont que l'effet de la contraction réitérée de la peau et des muscles qu'elle couvre, et non de la forme de l'os du crâne; car il n'y a que les mouvements des muscles qui, étant un effet de la volonté, retirent, contractent ou étendent la peau. Or tout le monde sait qu'il n'appartient qu'à un fripon, à un trompeur, à un fourbe, de masquer son front comme il veut, en lui imprimant les mouvements à sa volonté. Alors, pour le démasquer, il faut considérer ses yeux, où les mouvements du cœur sont plus naturels : d'ailleurs un homme dissimulé peut bien changer quelque chose à la partie mobile de son front ; mais le système osseux reste toujours le même, et la trace ainsi que la direction des rides ne peuvent s'effacer entièrement.

Il y a des fronts qui préviennent en faveur d'une personne, dès le premier abord et d'autres qui déplaisent. En effet un front serein annonce la tranquillité habituelle de l'âme et la douceur du caractère.

Mais un front très épanoui annonce souvent un complaisant flatteur et quelquefois un homme disposé à vous tendre un piège. Tels sont les fronts des chiens dangereux qui vous caressent pour obtenir une proie.

Quelquefois aussi un front sévère et nébuleux, étiquette des soucis et de la dureté du caractère, appartient au courage mêlé de férocité. Le tigre et le chat ont le front riant ; le lion a le front ridé et sérieux.

On observe qu'un grand front va ordinairement avec l'embonpoint, et un petit front appartient la plupart du temps à un corps délicat.

Lorsque le front est ridé en long et particulièrement à la racine du nez, c'est un signe de réflexion et de mélancolie.

Les personnes dont le front suit le mouvement des yeux et des sourcils ressemblent au singe et ont comme lui le caractère inquiet et égoïste ; et comme cette inquiétude et cet égoïsme portent ces sortes de gens à n'être jamais contents de leur position, ils sont ordinairement enclins à l'avarice.

Un front ridé avant que l'âge y ait imprimé ses traces indique un tempérament mélancolique, qui a été livré aux soucis et aux inquiétudes des affaires, à une ambition qui n'a pas été satisfaite, à une étude suivie et constante ; mais le front sourcilleux marque ordinairement la sévérité et la critique amère, ainsi que l'envie.

Quant aux lignes ou sillons que l'on voit au front, et qui le traversent dans sa hauteur, dans sa largeur, ou dans d'autres directions, on saura que moins ces lignes sont nombreuses et profondes, plus elles désignent d'humidité de tempérament, comme on peut le voir dans les enfants, les adolescents et dans le sexe féminin. Les lignes larges annoncent une chaleur douce, parce qu'elle est modérée par l'humidité, et montrent un naturel gai et joyeux, qui n'a pas éprouvé de revers de fortune. Les lignes étroites semblent être reservées pour les femmes et pour les hommes efféminés.

Il y a ordinairement cinq ou sept lignes, jamais moins de trois. Les droites et continues indiquent un bon tempérament, de la constance, de la fermeté et de la droiture. Celles qui sont discontinues et tortues sont l'indice du contraire, quand elles se coupent en différents sens. Les lignes qui s'étendent en rameaux sont, dit-on, marque de l'homme à projets, de l'homme irrésolu et inconstant.

Des yeux.

« C'est dans les yeux, dit *Buffon*, que se peignent les images de nos secrètes agitations et qu'on peut les reconnaître ; l'œil appartient à l'âme plus qu'aucun autre organe ; il semble y toucher et participer à tous ses mouvements, il en exprime les passions les plus vives et les émotions les plus tumultueuses, comme les mouvements les plus doux et les sentiments les plus délicats ; il les rend dans toute leur force, dans toute leur pureté, tels qu'ils viennent de naître ; il les transmet par des traits rapides, qui portent dans une autre âme le feu, l'action, l'image de celle dont ils partent ; l'œil reçoit et réfléchit en même temps la lumière de la pensée et la chaleur du sentiment ; c'est le sens de l'esprit et la langue de l'intelligence.

« Les couleurs les plus ordinaires dans les yeux sont le bleu ou l'orangé, et le plus souvent ces couleurs se trouvent dans le même œil. Les yeux que l'on croit être noirs ne sont que d'un jaune brun, ou d'orangé foncé ; il ne faut, pour s'en assurer, que les regarder de près ; car, lorsqu'on les voit à quelque distance, ou qu'ils sont tournés à contre-jour, ils paraissent noirs, parce que la couleur jaune brun tranche si fort sur le blanc de l'œil qu'on la juge noire par l'opposition du blanc. Les yeux, qui sont d'un jaune moins brun, passent aussi pour des yeux noirs; mais on ne les trouve pas si beaux que les autres, parce que cette couleur tranche moins sur le blanc. Il y a aussi des yeux jaunes et jaune clair; ceux-ci ne paraissent pas noirs, parce que ces couleurs ne sont pas assez foncées pour disparaître dans l'ombre. On voit très communément dans le même œil des nuances d'orangé, de jaune, de gris et de bleu. Dès qu'il y a du bleu, quelque léger qu'il soit, il devient la couleur dominante. Cette couleur paraît par filets dans toute l'étendue de l'iris, et l'orangé est par flocons autour et à quelque petite distance de la prunelle; le bleu efface si fort cette couleur que l'œil paraît tout bleu, et on ne s'aperçoit du mélange de l'orangé qu'en le regardant de près. Les plus beaux yeux sont ceux qui paraissent noirs ou bleus; la vivacité et le feu qui font le caractère principal des yeux éclatent davantage dans les couleurs foncées que dans les demi-teintes de couleur; les yeux noirs ont donc plus de force, d'expression et de vivacité; mais il y a plus de douceur et peut-être plus de finesse dans les yeux bleus; on voit dans les premiers un feu qui brille uniformément, parce que le fond, qui nous paraît de couleur uniforme, renvoie partout les mêmes reflets; mais on distingue des modifications dans la lumière qui anime les yeux bleus, parce qu'il y a plusieurs teintes de couleurs qui produisent des reflets différents.

« Il y a des yeux qui se font remarquer sans avoir, pour ainsi dire, de couleur : ils paraissent être composés différemment des autres; l'iris n'a que des nuances de bleu ou de gris, si faibles qu'elles sont presque blanches dans quelques endroits. Les nuances d'orangé qui s'y rencontrent sont si légères qu'on les distingue à peine du gris et du blanc, malgré le contraste de ces couleurs. Le noir de la prunelle est alors trop marqué, parce que la couleur de l'iris n'est pas assez foncée. On ne voit pour ainsi dire que la prunelle isolée au milieu de l'œil; ces yeux ne disent rien, et le regard en paraît fixe ou effacé.

« Il y a aussi des yeux dont la couleur de l'iris tire sur le vert. Cette couleur est plus rare que le bleu, le gris, le jaune et le jaune brun ; il se trouve aussi des personnes dont les deux yeux ne sont pas de la même couleur. Cette variété que l'on voit dans la couleur des yeux est particulière à l'espèce humaine, à celle du cheval, etc. ».

Les mouvements de l'œil, quels qu'ils soient, ne sont que des résultats de sa forme et de sa nature spécifique. Quand on connaît le caractère général de l'œil, on peut se figurer mille mouvements individuels qui lui seront exclusivement propres dans une infinité de cas donnés. Je dis plus, sa forme seule, son contour, ou même une simple section exacte du contour suffira au physionomiste entendu pour déterminer en plein le caractère physique, moral et intellectuel de l'œil.

Les yeux bleus annoncent plus de faiblesse, un caractère plus mou et plus efféminé que les yeux orangés, bruns ou noirs. Les yeux noirs annoncent un esprit mâle et profond, et les yeux jaune brun sont ordinaires aux hommes de génie.

Il serait intéressant d'examiner comme une exception à cette règle pourquoi les yeux bleus sont si rares en Chine et aux îles Philippines ; pourquoi on ne les trouve jamais qu'à des Européens, ou à des Créoles, tandis que les Chinois sont le plus mou, le plus volupteux et le plus paisible de tous les peuples de la terre.

Les gens colères ont les yeux de différentes couleurs, rarement bleus, plus souvent bruns ou verdâtres. Les yeux de cette dernière espèce sont en quelque sorte un signe distinctif de vivacité ou de courage.

On voit rarement les yeux bleu clair à des personnes colères, et presque jamais à des mélancoliques. Cette couleur semble s'attacher particulièrement aux flegmatiques.

Quand le bord, ou la dernière ligne circulaire de la paupière d'en haut décrit un plein cintre, c'est la marque d'un bon naturel et de beaucoup de délicatesse ; quelquefois aussi d'un caractère timide, féminin ou enfantin.

Des yeux qui étant ouverts, ou qui n'étant pas comprimés, forment un angle allongé et aigu vers le nez appartiennent, pour ainsi dire, exclusivement à des personnes ou très judicieuses, ou très fines. Le coin de l'œil est-il obtus? Le visage a toujours quelque chose d'enfantin.

Lorsque la paupière se dessine presque horizontalement sur l'œil et coupe diamétralement la prunelle, je m'attends ordinairement à un homme très fin et très adroit.

Des yeux larges, où il paraît beaucoup de blanc au-dessous de la prunelle, sont communs au tempérament flegmatique et au tempérament sanguin. Mais, dans la comparaison, on les distingue aisément. Les uns sont faibles, battus et vaguement dessinés ; les autres sont pleins de feu, fortement prononcés et moins échancrés : ils ont des paupières plus égales, plus courtes, mais en même temps moins charnues.

Des paupières reculées et fort échancrées annoncent la plupart du temps un homme cholérique. On y reconnaît aussi l'artiste et l'homme de goût. Elles sont rares chez les femmes et tout au plus réservées pour celles qui se distinguent par une force d'esprit ou de jugement extraordinaire.

Plusieurs physionomistes ont regardé les yeux louches comme une preuve de fausseté dans le caractère. On pourrait, je crois, accuser de cette fausseté avec plus de raison les personnes qui regardent de côté ou en dessous et qui semblent éviter les regards de celui qui les écoute. La crainte d'être fixé en face se manifeste visiblement dans un enfant qui se sent coupable. Est-ce timidité ou conscience d'une faute qu'il voudrait dissimuler, parce qu'il ne se sent pas la force ou la volonté de se corriger? Quoi qu'il en soit, de tels sentiments manquent de franchise et d'élévation. Ainsi, lorsque l'habitude de détourner les yeux se continue dans un âge plus avancé, la même cause subsiste et suppose les mêmes défauts.

Les yeux louches ne sont pas tels par un semblable principe. Ils le deviennent quelquefois par l'ignorance ou le peu de soin d'une mère ou d'une nourrice.

« Les yeux des enfants (dit *Buffon*) se portent toujours du côté le plus éclairé de l'endroit qu'ils habitent, et, s'il n'y a que l'un de leurs yeux qui puisse s'y fixer, l'autre n'étant pas exercé, n'acquerra pas autant de force. Pour prévenir cet inconvénient, il faut placer le berceau de façon qu'il soit éclairé par les pieds, soit que la lumière vienne d'une fenêtre ou d'un flambeau. Dans cette position, les deux yeux de l'enfant peuvent la recevoir en même temps et acquérir par l'exercice une force égale : si l'un des yeux prend plus de force que l'autre, l'enfant deviendra louche, car il est prouvé que l'inégalité de force dans les yeux est la cause d'un regard louche. »

Des sourcils.

Souvent les sourcils seuls deviennent l'expression positive du caractère de l'homme. Lorsqu'ils sont doucement arqués, ils s'accordent avec la simplicité et la modestie d'une jeune vierge.

Placés en ligne droite et horizontalement, ils se rapportent à un caractère mâle et vigoureux.

Lorsque leur forme est moitié horizontale, moitié courbée, la force de l'esprit se trouve réunie à une bonté ingénue.

Des sourcils rude et en désordre sont toujours le signe d'une vivacité intraitable ; mais cette même confusion annonce un feu modéré, si le poil est fin.

Lorsqu'ils sont épais et compactes, que les poils sont couchés parallèlement, et pour ainsi dire tirés au cordeau, ils promettent un jugement mûr et solide, une profonde sagesse, un sens droit et rassis.

Des sourcils qui se joignent passaient pour un trait de beauté chez les Arabes, tandis que les anciens physionomistes y attachaient l'idée d'un caractère sournois. La première de ces opinions me paraît fausse ; la seconde exagérée ; car j'ai souvent trouvé ces sortes de sourcils aux physionomies les plus honnêtes et les plus aimables. Il est vrai cependant qu'ils font contracter au visage un air plus ou moins refrogné, et qu'ainsi ils peuvent supposer jusqu'à un certain point le trouble de l'esprit et du cœur.

Winkelmann dit que les sourcils affaissés donnent une teinte de rudesse et de mélancolie.

Jamais je n'ai vu un penseur profond ni même un homme ferme et judicieux avec des sourcils minces, placés fort haut, partageant le front en deux parties égales.

Les sourcils minces sont une marque infaillible de flegme et de faiblesse. Ce n'est pas qu'un homme colère et très énergique ne puisse avoir des sourcils clairs, mais leur modicité diminue toujours la force et la vivacité du caractère.

Anguleux et entrecoupés, ils dénotent l'activité d'un esprit productif.

Plus ils s'approchent des yeux, plus le caractère est sérieux, profond et solide. Celui-ci perd de sa force, de sa fermeté et de sa hardiesse, à mesure que les sourcils remontent.

Une grande distance de l'un à l'autre annonce une conception aisée, une âme calme et tranquille.

Des sourcils blancs proviennent d'un naturel faible. Brun obscur, ils sont l'emblème de la force.

Le mouvement des sourcils est d'une expression infinie. Il sert principalement à marquer les passions ignobles, l'orgueil, la colère, le dédain. Un homme sourcilleux est un être méprisant et méprisable.

« Après les yeux (dit *Buffon*), les parties du visage qui contribuent le plus à marquer les physionomies sont les sourcils. Comme ils sont d'une nature différente des autres parties, ils sont plus apparents par ce contraste et frappent plus qu'aucun autre trait. Les sourcils sont une ombre dans le tableau, qui en relève les couleurs et les formes. Les cils des paupières font aussi leur effet lorsqu'ils sont longs et garnis. Les yeux en paraissent plus beaux et le regard plus doux. Il n'y a que l'homme et le singe qui aient des cils aux deux paupières; les autres animaux n'en ont point à la paupière inférieure, et, dans l'homme même, il y en a beaucoup moins à la paupière inférieure qu'à la supérieure. Le poil des sourcils devient quelquefois si long dans la vieillesse qu'on est obligé de les couper. Les sourcils n'ont que deux mouvements qui dépendent des muscles du front : l'un par lequel on les élève et l'autre par lequel on les fronce et on les abaisse en les approchant l'un de l'autre. »

Du nez.

Un nez régulier se trouve très rarement, car il exige une heureuse analogie des autres traits et ne s'associe jamais à un visage difforme.

Voici, d'après *Lavater*, ce qu'il faut pour la conformation d'un nez parfaitement beau.

Sa longueur doit être égale à celle du front.

Il doit y avoir une légère cavité auprès de sa racine. Vu par devant, le dos du nez doit être large et presque parallèle des deux côtés ; mais il faut que cette largeur soit un peu plus sensible vers le milieu.

Le bout ou la pomme du nez ne sera ni dur, ni charnu. Le contour inférieur doit être dessiné avec précision et correction ; ni trop pointu, ni trop large.

De face, il faut que les deux ailes du nez se présentent distinctement et que les narines se raccourcissent agréablement au-dessous.

Dans le profil, le bas du nez n'aura qu'un tiers de sa longueur.

Les narines doivent aller plus ou moins en pointe et s'arrondir par derrière ; elles seront en général doucement cintrées et partagées en deux parties égales par le profil de la lèvre supérieure.

Les flancs du nez ou de la voûte du nez formeront des espèces de parois.

Vers le haut, il joindra de près l'arc de l'os de l'œil, et sa largeur du côté de l'œil doit être au moins d'un demi-pouce.

Un nez qui rassemble toutes ces perfections est du meilleur augure : cependant nombre de gens du plus grand mérite ont le nez difforme ; mais il faut différencier aussi l'espèce de mérite qui les distingue.

C'est ainsi, par exemple, que j'ai vu des hommes

très honnêtes, très judicieux et très généreux avec de petits nez échancrés en profil, quoique d'ailleurs heureusement organisés.

Des nez qui se courbent au haut de la racine conviennent à des caractères impérieux, appelés à commander, à opérer de grandes choses, fermes dans leurs projets, ardents à les poursuivre.

Les nez perpendiculaires, c'est-à-dire qui approchent de cette forme, peuvent être regardés comme le signe d'une mâle constance. Ils supposent une âme qui sait agir et souffrir tranquillement et avec énergie.

Socrate, Boerhave et *Lairesse* avaient le nez fort laid et n'en étaient pas moins de grands hommes : mais le fond de leur caractère était une humeur douce et patiente.

Un nez dont le dos est large, soit droit ou courbe, annonce toujours des facultés supérieures ; mais cette forme est très rare. Vous pouvez parcourir dix mille visages dans la nature et dix mille portraits d'hommes célèbres sans la retrouver une seule fois.

Sans cette largeur de sa partie supérieure et avec une racine fort étroite, le nez indique souvent une énergie extraordinaire ; mais elle se réduit presque toujours à une élasticité momentanée, sans suite et sans durée.

La narine petite est le signe certain d'un esprit timide, incapable de hasarder la moindre entreprise. Lorsque les ailes du nez sont bien dégagées, bien mobiles, elles dénotent une grande délicatesse de sentiment qui peut aisément dégénérer en sensualité et en volupté.

Des joues.

A proprement parler, les joues ne sont point des parties du visage, il faut les envisager comme le fond des autres parties, ou plutôt comme le fond des organes sensitifs et vivifiés du visage. Elles sont le sentiment de la physionomie.

Des joues charnues indiquent en général l'humidité du tempérament et un appétit sensuel. Maigres et rétrécies, comme dans la vieillesse, elles annoncent la sécheresse des humeurs et la privation des jouissances. Le chagrin les creuse, la rudesse et la bêtise leur impriment des sillons grossiers. La sagesse, l'expérience et la finesse d'esprit les entrecoupent de traces légères et doucement ondulées. La différence du caractère physique, moral, intellectuel de l'homme, dépend de l'aplanissement ou de la voûture des muscles, de leur enfoncement et de leur plissure, de leur apparence ou de leur imperceptibilité, de leur ondulation enfin, ou plutôt de celles des petites rides ou fentes qui sont déterminées par la nature des muscles. Montrez à un physionomiste exercé le simple contour de la section qui s'étend depuis l'aile du nez jusqu'au menton. Montrez-lui ce muscle dans l'état de repos, dans l'état de mouvement, montrez-le surtout dans le moment où il est agité par les ris ou les pleurs, par un sentiment de bien-être ou de douleur, par la pitié ou par l'indignation, et ce seul trait fournira un texte d'observations importantes. Ce trait, lorsqu'il est marqué par des contours légers doucement nuancés et coupés, devient d'une expression infinie. Il rend les plus belles émotions de l'âme, et ce trait bien étudié suffira pour vous inspirer la plus profonde vénération et l'affection la plus tendre.

Certains enfoncements plus ou moins triangulaires, qui se remarquent quelquefois dans les joues, sont le signe infaillible de l'envie ou de la jalousie.

Une joue naturellement gracieuse, agitée par un doux tressaillement qui la relève vers les yeux, est le garant d'un cœur sensible, généreux, incapable de la moindre bassesse. Ne vous fiez pas trop à un homme qui ne sourit jamais agréablement. La grâce du sourire est le thermomètre de la bonté du cœur et de la noblesse du caractère.

Du menton.

Un menton avancé annonce toujours quelque chose de positif, au lieu que la signification du menton reculé est toujours négative. Souvent le caractère de l'énergie, ou de la non-énergie de l'individu, se manifeste uniquement par le menton.

Une forte incision au milieu du menton semble indiquer sans réplique un homme judicieux, rassis et résolu.

Un menton pointu passe ordinairement pour le signe de la ruse : mais chez certaines personnes, cette ruse n'est qu'une finesse mêlée de bonté.

Un menton mou, charnu et à double étage, est la plupart du temps la marque et l'effet de la sensualité. Les mentons angulaires ne se voient guère qu'à des gens sensés, fermes et bienveillants. Les mentons plats supposent la froideur et la sécheresse du tempérament. Les petits caractérisent la timidité. Les ronds avec la fossette peuvent être regardés comme le gage de la bonté.

On peut établir trois classes générales pour les différentes formes du menton. Savoir : les mentons qui reculent, ceux qui sont perpendiculaires à la lèvre inférieure et ceux qui la débordent et qu'on appelle pointus.

Le menton reculé, qu'on pourrait appeler le menton féminin, puisqu'on le trouve chez presque toutes les personnes de ce sexe, me fait toujours soupçonner quelque côté faible. Les mentons de la seconde classe m'inspirent la confiance. Ceux de la troisième annoncent un esprit actif et délié, pourvu qu'ils ne fassent pas anse, car cette forme exagérée conduit ordinairement à la pusillanimité et à l'avarice.

De la bouche.

Distinguez soigneusement dans chaque bouche :

1° Les deux lèvres chacune séparément ;

2° La ligne qui résulte de leur jonction lorsqu'elles sont doucement fermées ;

3° Le centre de la lèvre de dessus ;

4° Celui de la lèvre d'en bas ; chacun de ces points en particulier ;

5° La base de la ligne du milieu.

6° Enfin les coins qui terminent cette ligne et par lesquels elle se dégage de chaque côté.

On remarque un parfait rapport entre les lèvres et le caractère. Qu'elles soient fermes, qu'elles soient molles et mobiles, le caractère est toujours d'une trempe analogue.

De grosses lèvres bien prononcées et bien proportionnées, qui présentent des deux côtés la ligne du milieu également bien serpentée et facile à reproduire au dessin, de telles lèvres sont incompatibles avec la bassesse. Elles répugnent aussi à la fausseté et à la méchanceté, et tout au plus on pourra leur reprocher quelquefois un peu de penchant à la volupté.

Une bouche resserrée dont la fente court en ligne droite, et où le bord des lèvres ne paraît pas, est l'indice certain du sang-froid et d'un esprit appliqué, ami de l'ordre, de l'exactitude et de la propreté. Si elle remonte en même temps aux deux extrémités, elle suppose un fond d'affectation, de prétention et de vanité; peut-être aussi un peu de malice, résultat ordinaire de la frivolité.

Des lèvres charnues ont toujours à combattre la sensualité et la paresse.

Celles qui sont rognées et fortement prononcées inclinent à la timidité et à l'avarice.

Lorsqu'elles se ferment doucement et sans effort et que le dessin en est correct, elles indiquent un caractère ferme, judicieux et réfléchi.

Une lèvre de dessus qui déborde un peu est la marque distinctive de la bonté; ce n'est pas qu'on puisse refuser cette qualité à la lèvre d'en bas qui avance; mais, dans ce cas, on doit s'attendre plutôt à une froide bonhommie qu'au sentiment d'une vive tendresse. Chez les enfants, c'est toujours la lèvre supérieure qui avance.

Une lèvre inférieure qui creuse au milieu n'appartient qu'aux esprits enjoués. Regardez attentivement un homme gai, dans le moment où il va produire une saillie, le centre de sa lèvre ne manquera jamais de se baisser et de se creuser un peu.

Une bouche bien close, si toutefois elle n'est pas affectée et pointue, annonce le courage, et, dans les occasions où il s'agit d'en faire preuve, les personnes même qui ont l'habitude de tenir la bouche ouverte la ferment ordinairement.

Une bouche béante est plaintive. Une bouche fermée souffre avec patience.

Des dents.

Rien de plus positif, de plus frappant ni mieux prouvé que la signification caractéristique des dents, considérées non seulement suivant les formes, mais aussi par la manière dont elles se présentent.

Les dents petites et courtes, que les anciens physionomistes regardaient comme le signe d'une constitution faible, sont, à mon avis, dans l'adulte, l'attribut d'une force de corps extraordinaire. On les retrouve aussi à des gens doués d'une grande pénétration : mais, dans l'un et l'autre cas, elles ne sont ni bien belles, ni bien blanches.

De longues dents sont un indice certain de faiblesse et de timidité.

Les dents blanches propres et bien rangées, qui, au moment où la bouche s'ouvre, semblent s'avancer, sans déborder, et qui ne se montrent pas toujours entièrement à découvert, annoncent décidément dans l'homme fait un esprit doux et poli, un cœur bon et honnête.

Les dents gâtées annoncent un dérangement de santé ou, quelquefois, certaines imperfections morales, surtout quand cela vient du peu de soin; car celui qui ne s'attache pas à conserver et à entretenir ses dents en bon état dénote par cette négligence des sentiments ignobles.

La forme des dents, leur position et leur propreté, en tant que cette dernière dépend de nous, indiquent plus qu'on ne pense nos goûts et nos penchants.

Lorsqu'à la première ouverture des lèvres les gencives de la rangée supérieure paraissent en plein, on peut s'attendre ordinairement à beaucoup de froideur et de flegme.

Les dents fermes et bien rangées annoncent (suivant

Aristote) qu'une personne vivra longtemps. *Valésius* en explique la raison. « On peut, dit-il, considérer de belles dents comme cause et comme signe. Sous le premier rapport, elles doivent nous promettre à la vérité une longue existence, parce qu'en broyant parfaitement les aliments elles préparent une bonne digestion, et, si on les considère comme signe, des dents fortes et serrées annoncent une constitution robuste, qui doit naturellement maintenir la santé et prolonger la vie.

On peut encore observer que les dents grandes, saillantes, et qui semblent se reposer sur la lèvre inférieure, vont ordinairement avec une grande bouche et des lèvres assez vermeilles. Ces sortes de dents indiquent un caractère caustique, de la méchanceté, sans esprit et sans énergie. Elles sont placées de manière à attaquer le premier objet qu'elles rencontrent.

Les dents petites et rentrantes annoncent de la finesse sans méchanceté; mais en même temps un caractère indocile et vindicatif : elles n'attaquent pas; mais aussi, lorsqu'on les oblige à mordre, elles sont disposées de manière à ne pas lâcher aisément prise.

Plusieurs naturalistes ont observé la différente conformation qui se trouve entre les dents des animaux carnivores et celles des animaux paisibles. Ceux-ci ont toutes les dents à peu près d'une égale longueur et d'un émail extrêmement épais et dur. Leurs aliments ayant très peu de substance nutritive, ils sont obligés de manger presque continuellement pour suffire à leur besoin; en second lieu, les herbes sèches et la paille dont ils se nourrissent, pendant la plus grande partie de l'année, sont des substances trop dures pour que les dents ordinaires puissent continuellement suffire à un exercice aussi violent.

Les dents des animaux féroces ou carnivores sont d'un émail moins dur, parce que le repas d'un instant suffit pour toute la journée : mais en revanche leurs dents de devant sont plus longues et plus saillantes; elles sont inégales, et la plupart de ces animaux ont la gueule armée de quatre grands crochets pour pouvoir retenir la proie qui s'efforce de leur échapper.

Il résulte de ces observations que les dents de l'homme

démontrent qu'il tient des deux espèces. Les incisives annoncent l'animal carnivore, et les molaires lui donnent la faculté de broyer les fruits de la terre.

Ce que je viens de dire des quadrupèdes peut s'appliquer aux poissons. La gueule du plus petit brochet est autrement armée que celle de la grosse carpe, et les dents de ces animaux sont longues en raison de leur férocité.

Chez les oiseaux, la force du bec, et surtout la courbure, comme dans l'aigle, le faucon, l'épervier, annoncent évidemment l'oiseau de proie. Les oiseaux timides ont le bec doux, flexible, et les deux parties à peu près d'une égale longueur, comme le pigeon, le serin, la tourterelle. La perdrix, qui dévore les insectes et mange aussi du grain, tient de ces deux espèces. Son bec est beaucoup plus dur que celui de la timide colombe, mais il est moins recourbé et moins cruel que celui de l'épervier.

Des oreilles.

Les parties de la tête qui font le moins à la physionomie et à l'air du visage sont les oreilles : elles sont placées à côté et cachées par les cheveux ; cette partie, qui est si petite et si peu apparente dans l'homme, est fort remarquable dans la plupart des animaux quadrupèdes ; elle fait beaucoup à l'air de la tête et à la beauté ; elle indique même l'état de vigueur ou d'abattement ; elle a des mouvements musculaires qui dénotent le sentiment et répondent à l'action intérieure de l'animal. Les oreilles de l'homme n'ont ordinairement aucun mouvement, volontaire ou involontaire, quoiqu'il y ait des muscles qui y aboutissent.

Les petites oreilles vont ordinairement avec une tête bien conformée et, par conséquent, elles annoncent de l'esprit et de la vivacité. Le bout dégagé est d'un bon augure.

Une oreille large et unie, qui manque d'arrondissement dans les contours, suppose ordinairement une tête excessivement faible. Lorsque l'ensemble de l'oreille est plat, mou et grossier, il exclut certainement le génie.

On observe en général que les oreilles fermes, rapprochées de la tête, indiquent de l'esprit et l'amour de l'indépendance, semblables à celles des animaux sauvages, qui vivant en liberté ont conservé la pureté de leur espèce. Au contraire, les oreilles longues, dont la partie supérieure est plate et s'écarte de la tête en s'inclinant, ont le caractère de celles des animaux domestiques abâtardis par la servitude et déchus de leur première origine.

Du col.

Le col soutient la tête et la réunit avec le corps; cette partie est bien plus considérable dans la plupart des animaux quadrupèdes qu'elle ne l'est dans l'homme : les poissons et les autres animaux qui n'ont point de poumons semblables aux nôtres n'ont point de col. Les oiseaux sont en général les animaux dont le col est le plus long. Dans les espèces d'oiseaux qui ont les pattes courtes, il est assez court, et dans celles où les pattes sont fort longues, il est aussi d'une très grande longueur. *Aristote* dit que les oiseaux de proie, ou qui ont des serres, ont le col très court.

La forme du col est significative comme tout ce qui a rapport à l'homme. Figurez-vous, d'un côté, un col long et effilé, de l'autre un col gros et engoncé, et voyez si chacune de ces formes n'exige pas une tête différente. Que de choses n'exprime pas la flexibilité ou la raideur du col ! Il y en a qui paraissent construits pour faire baisser la tête, d'autres pour la relever, ceux-ci pour la porter en avant, ceux-là pour la replier en arrière. Ces distinctions peuvent s'appliquer à la diversité de nos facultés : l'esprit humain prend le dessus, ou il rampe; il avance, ou il recule. Nous connaissons certaines espèces de goitres qui sont le signe infaillible de la bêtise et de la stupidité, tandis qu'un col bien proportionné est une grande recommandation pour la solidité du caractère. Enfin la variété des cols s'étend à tout le règne animal, et, dans la plupart des quadrupèdes, comme chez les hommes, elle indique leur état de vigueur et de faiblesse.

De la chevelure et de la barbe.

Tout le monde sait combien les cheveux font à la physionomie. C'est un défaut que d'être chauve, et l'usage de porter des cheveux étrangers fut certainement inventé pour cacher ce défaut. Cette mode, qui est devenue presque générale, à cause de sa commodité, nuit cependant beaucoup aux observations physionomiques.

Les cheveux offrent des indices multipliés du tempérament de l'homme, de son énergie, de sa façon de sentir, et par conséquent aussi de ses facultés intellectuelles. Ils n'admettent pas la moindre dissimulation, ils répondent à notre constitution physique, comme les plantes et les fruits répondent au terroir qui les produit.

On peut distinguer dans les cheveux leur longueur, leur quantité et la manière dont ils sont plantés, leur couleur et leur qualité, c'est-à-dire s'ils sont ronds, lisses ou frisés.

Les longs cheveux sont toujours faibles. On les remarque tels le plus ordinairement chez les femmes ; aussi indiquent-ils un caractère féminin, surtout s'ils sont à la fois longs et plats ; de tels cheveux ne s'associent jamais à un caractère mâle.

Lavater appelle *cheveux vulgaires* ceux qui sont courts, plats et mal liés, ceux encore qui retombent en petites boucles pointues et peu agréables, surtout quand ils sont rudes et d'un brun foncé ; et *chevelures nobles*, celles qui sont d'un jaune doré, ou d'un blond tirant sur le brun, qui reluisent doucement et se roulent avec grâce.

Des cheveux noirs qui sont plats, naturellement défrisés, épais et gros, dénotent peu d'esprit, mais de l'assiduité et l'amour de l'ordre. Des cheveux noirs et minces placés sur une tête mi-chauve, dont le front est élevé et bien voûté, m'ont souvent fourni la preuve d'un jugement sain et net, mais qui excluait l'invention et les saillies : au contraire cette même espèce de cheveux, lorsqu'elle est entièrement platte et lisse, implique une faiblesse décidée dans les facultés intellectuelles.

Dans les pays chauds, les cheveux sont du noir le plus obcur : ils sont d'un noir moins foncé, ou bruns dans les climats tempérés ; et dans les pays froids, ils varient entre le jaune, le rouge et le brun : la vieillesse fait grisonner ces différentes couleurs, et l'on a remarqué que les cheveux des ouvriers qui travaillent au cuivre se changent en vert. Les cheveux blonds annoncent généralement un tempérament délicat, sanguin, flegmatique. Les cheveux roux caractérisent, dit-on, un homme souverainement bon, ou souverainement méchant. Un contraste frappant entre la couleur de la chevelure et la couleur des sourcils m'inspire la défiance.

La diversité du poil des animaux démontre assez combien celle des cheveux doit être expressive dans l'homme. Comparez la laine de la brebis avec la fourrure du loup, le poil du lièvre avec celui de l'hyène ; comparez les plumes de toutes les espèces d'oiseaux, et vous ne sauriez vous refuser à la conviction que ces excroissances sont caractéristiques, qu'elles peuvent aider à différencier les capacités et les indications de chaque animal.

Des mains.

Il y a tout autant de diversité et de dissemblance entre les formes des mains qu'il y en a entre les physionomies. Cette vérité est fondée sur l'expérience et n'a pas besoin de preuve.

Deux visages parfaitement ressemblants n'existent nulle part, et de même vous ne rencontrerez pas chez deux personnes différentes deux mains qui se ressemblent. Plus il y a de rapport entre les visages, et plus s'en trouve-t-il entre les mains.

Il n'y a pas moins de diversité dans les parties du corps que dans les caractères, et c'est le même principe qui occasionne cette différence dans les uns comme dans les autres.

D'après des observations positives, cette diversité du caractère reparaît clairement dans la forme des mains. On ne saurait en douter, à moins de se refuser aveuglément à la force de l'évidence.

La forme de la main varie à l'infini, suivant les rapports, les analogies et les changements dont elle est susceptible. Son volume, ses contours, sa position, sa mobilité, sa tension, son repos, sa proportion, sa longueur, sa rondeur — tout cela vous offre des distinctions sensibles et faciles à saisir.

Chaque main, dans son état naturel, c'est-à-dire abstraction faite des accidents extraordinaires, se trouve en parfaite analogie avec le corps dont elle fait partie. Les os, les nerfs, les muscles, le sang et la peau de la main, ne sont que la continuation des os, des nerfs, des muscles, du sang et de la peau du reste du corps. Le même sang circule dans le cœur, dans la tête et dans la main.

Telle main ne convient qu'à tel corps et non à un autre. La chose est aisée à vérifier. Choisissez une main pour modèle, comparez lui mille autres mains, et dans ce grand nombre, il n'y en aura pas une seule qui puisse être substituée à la première.

Mais, dira-t-on, les peintres et les sculpteurs composent pourtant des formes homogènes, auxquelles ils rapportent des parties détachées de différents côtés, ou dans l'idéal, ou dans la réalité.

Je répondrai à cela que, si dans les ouvrages de la nature il était possible d'ajouter une main étrangère, un doigt étranger au tronc d'un bras ou d'une main, ce rapiécetage n'échapperait certainement à personne, et la raison en est évidente. L'art qui n'est, qui ne doit être, et ne peut être qu'une imitation de la nature, l'emporterait-il sur son prototype, tandis qu'il est réduit à tailler, à tronquer, à mutiler, à raccommoder tout ce qu'il fait ? Il a beau colorier et plâtrer ses copies, recourir à toutes ses illusions, il n'en travaille pas moins d'emprunt; mais la nature puise dans son propre fonds, et les effets qu'elle produit sortent d'elle-même. Elle moule en grand, et l'art se traîne sur ses pas en détail : la nature embrasse l'ensemble, et l'art est borné à la surface, ou plutôt à des parcelles de surface. S'il y a donc quelque chose de caractéristique dans notre extérieur, si les hommes diffèrent entre eux et pour la forme et pour le caractère, il est constant que la main contribue pour sa part à faire connaître le caractère de l'individu, et qu'elle est, aussi bien que les autres membres du corps, un objet d'étude pour le physionomiste, objet d'autant plus significatif et plus frappant que la main ne peut dissimuler et que sa mobilité la trahit à chaque instant.

Je dis qu'elle ne peut pas dissimuler, car l'hypocrite le plus raffiné, le fourbe le plus exercé ne saurait altérer ni la forme, ni les contours, ni les proportions, ni les muscles de sa main, ou seulement d'une section de sa main; il ne saurait les soustraire aux yeux de l'observateur qu'en la cachant tout à fait.

La mobilité de la main n'est pas moins expressive. C'est de toutes les parties de notre corps la plus agissante et la plus riche en articulations. Plus de vingt jointures et emboîtures concourent à la multiplicité de ses mouvements et les entretiennent. Une telle activité doit expliquer de mille manières le caractère et le tempérament.

Soit dans le mouvement, soit dans l'état de repos, l'expression de la main ne peut être méconnue. Sa position la plus tranquille indique nos dispositions naturelles; ses flexions expliquent nos passions. Dans tous ses mouvements elle suit l'impulsion de l'âme. En un mot, le geste est après l'organe de la voix le signe le plus naturel et le plus ordinaire de toutes nos affections. Les mains grosses et courtes sont un signe presque infaillible de stupidité brutale, tandis que les doigts longs et bien effilés ne s'associent presque jamais avec un esprit grossier.

Toutes nos facultés se réduisent à trois, sentir, connaître, agir : elles sont la source de la triple existence qu'on distingue dans l'homme, savoir la vie animale, la vie intellectuelle et la vie morale.

Malgré la liaison qui se trouve entre ces trois facultés, malgré cette union parfaite, qui fait qu'elles ne forment en nous qu'un seul tout et qu'elles ne peuvent se séparer, elles ont cependant, ainsi que les divers tempéraments, un siège particulier, une résidence particulière, où elles s'exercent de préférence et où leur expression est plus sensible.

La vie animale est cette faculté qui nous est commune

avec tous les êtres vivants, de conserver notre existence,
de la propager, de jouir enfin du bonheur que la nature a
attaché à satisfaire tous les besoins qu'elle nous a imposés.
Or cette vie animale ou physique étant la plus basse et la
plus terrestre, c'est dans la partie inférieure du corps que
ses facultés ont fixé leur principale résidence; elles com-
prennent le ventre et les organes de la génération, qui sont
leur foyer.

La vie intellectuelle, comme la plus relevée, est dans la
tête, et son foyer est l'œil. C'est par elle que l'âme aperçoit les objets, saisit leurs bonnes ou mauvaises qualités,
les compare et décide enfin si elle doit les adopter ou les
rejeter. Les facultés intellectuelles sont donc tout ce qui
regarde l'esprit; et, sous ce rapport, l'homme l'emporte
infiniment sur tous les animaux.

L'existence morale habite la moyenne religion, c'est-à-
dire la poitrine, et son centre est dans le cœur. C'est
dans ce foyer que vont se rassembler toutes les affections
de l'âme; c'est à lui que nous rapportons nos plaisirs et
nos peines; c'est en lui enfin que toutes les passions fixent
leur résidence.

Lavater observe que le visage seul est le sommaire de
ces trois divisions, le front jusqu'aux sourcils miroir de
l'intelligence, le nez et les joues miroir de la vie morale
et sensible, la bouche et le menton miroir de la vie animale.

Nous voici parvenus au grand principe de la *physiologie*. Toute partie saillante démontre la force de la
faculté qui lui répond, et toute concavité remarquable
dénote sa faiblesse. La première est forte parce que les
esprits animaux l'ont adoptée et fortifiée, comme nous
l'avons dit, par leur cours habituel. La seconde est faible
parce que les esprits l'ont négligée et pour ainsi dire
abandonnée.

Ayant donc une fois déterminé le rapport qu'il y a entre
nos facultés et les différentes parties du visage auxquelles
elles répondent particulièrement, il sera très facile de
faire l'application des principes physionomiques.
Par exemple, la vie animale réside et se manifeste particulièrement dans la bouche; par conséquent une bouche

très avancée et de grosses lèvres annonceront d'une manière indubitable un penchant à la gourmandise et à tous les plaisirs grossiers.

La vie intellectuelle réside dans le cerveau et répond au front; par conséquent, un front avancé annonce de l'esprit ou tout au moins de la mémoire.

Le nez et les joues sont le miroir de la vie morale et sensible, aussi les personnes qui ont le nez prononcé et des joues saillantes ont en général de la gaité, de la sensibilité et de la bonhomie.

Ne vous effrayez pas des nombreuses exceptions que vous serez obligé de faire à ces principes généraux que je viens d'établir, et observez que souvent, dans un même visage, tel trait semble annoncer le contraire de ce qu'un autre trait aurait fait présumer. Ceci n'est point étonnant Chacun de nous n'a-t-il pas en lui deux principes qui se contrarient à chaque instant? Une passion est combattue par une autre. Quel est l'homme colère qui ne s'est pas reproché mille fois ses emportements, et qui n'a pas cherché à les réparer par un excès de bonté? Quel est l'homme jaloux qui ne fait pas chaque jour mille efforts pour dompter ses esprits rebelles, même dans les moments où il ne peut résister aux accès de sa folie?

Voilà pourquoi l'homme est souvent si différent de lui-même! — Mais il conserve cependant toujours son caractère dominant; s'il semble s'en écarter dans certains moments de sa vie, ce ne peut-être que pour de petits intervalles. Le naturel revient toujours et reprend son empire. Ainsi remarquez ce qui domine dans une physionomie, et vous connaîtrez aussi le caractère dominant; examinez les cavités marquées, et vous aurez trouvé le faible d'une personne.

Quant aux tempéraments, il est très facile de les distinguer :

1° Par la couleur. Le mélancolique est brun, le colérique est jaune, le sanguin est vermeil, et le flegmatique blafard ;

2° Par les formes. Celles des bilieux ou colériques sont vigoureuses et prononcées, celles des sanguins agréables et élégantes. Chez les flegmatiques, elles sont rondes et matérielles ; chez le mélancolique enfin, elles sont décharnées, sans force et sans vigueur ;

3° Par les attitudes et les gestes. Le sanguin est vif dans ses mouvements ; le colérique est brusque ; le mélancolique est lourd, et le flegmatique endormi ;

4° Par leurs dispositions aux sciences et aux arts. Le bilieux aimera la satire, le sanguin la poésie érotique et la haute poésie ; le flegmatique préférera le calcul et les mathématiques ; le mélancolique se livrera aux méditations tristes et à la théologie : ou, s'il conserve le goût de la poésie, il ne chantera ni l'amour, ni les combats, son âme choisira des sujets plus rembrunis et plus analogues à sa constitution.

Voltaire était bilieux ;

Jean-Jacques sanguin ;

Franklin était flegmatique ;

Et *Young* mélancolique.

Les différentes expressions des passions laissent sur la physionomie des traces qui fournissent aussi un grand sujet d'observations, dont je vais rapporter la substance.

Une figure riante a les joues un peu saillantes et les coins de la bouche relevés. Les yeux de ces personnes ne s'ouvrent jamais entièrement à cause de l'habitude qu'elles ont de relever à chaque instant leurs joues et de fermer les yeux à demi.

Si un homme rit sans que son visage éprouve les mouvements dont je viens de parler, vous aurez raison de vous en méfier.

D'un autre côté, un homme qui rit toujours est tout aussi peu aimable qu'un homme mélancolique. Vous trouverez en lui une certaine bonhomie, mais en même temps une grande faiblesse d'esprit.

Le visage du rieur perpétuel doit se dégrader ainsi que son âme et devenir enfin insupportable.

Le ris moqueur tourné en habitude défigure le plus beau visage ; peu à peu les traits s'accoutument à présenter un mélange affreux de joie et de malice. Les yeux se resserrent. La peau voisine de l'œil contracte des plis semblables à ceux que nous remarquons sur le visage de la plupart des fous.

Une figure triste est toujours allongée, et les deux coins de la bouche sont abaissés. Une tristesse habituelle dans une personne inspire aussi la tristesse et l'ennui à tout ce qui l'entoure; et comme elle est presque toujours causée par l'égoïsme, elle dégénère souvent en mélancolie. Les pleureurs en général sont le fléau de la société. Lisez ce que j'ai dit des mélancoliques; les gens habituellement tristes le sont par un commencement de jalousie, d'avarice, d'ambition et de méchanceté.

Vous reconnaîtrez une personne colère à ses formes prononcées et qui se terminent en pointe. Les esprits animaux poussés avec violence font sur nos traits l'effet d'un torrent qui dans son cours rapide entasse des monceaux de pierres et de sable et forme des montagnes. Au contraire des formes grasses et arrondies annoncent ordinairement la bonté et la douceur.

Lavater dit que plus un caractère est efféminé, plus les lignes du visage sont courbes, et plus le menton recule. Alors presque toujours les contours du visage sont obtus et arrondis et n'ont rien de saillant.

Selon le même auteur, un menton saillant est toujours le signe d'un caractère ferme et prudent, d'un esprit qui sait réfléchir.

Il faut remarquer que, comme chaque faculté se fortifie aux dépens des autres, lorsque les esprits animaux ne se distribuent pas également, c'est-à-dire qu'ils agissent beaucoup plus sur une partie du corps que sur les autres et détruisent ainsi l'équilibre fixé par la nature, alors il se fait un dérangement dans les organes et particulièrement dans le cerveau. Par exemple, un trait fortement prononcé, et trop fort pour le visage auquel il appartient, annonce un penchant à la folie; et, en général, toute irrégularité frappante dans les traits annonce d'une manière certaine et indubitable un dérangement dans les idées et dans l'esprit d'une personne.

La rudesse ou la douceur de la peau doivent prêter aussi aux observations physionomiques.

Une peau dure dénote une conception tardive, et une peau douce est le signe de la sagacité. Il sera aisé d'en connaître la raison, si l'on se souvient que toutes les idées que nous avons des objets extérieurs nous venant par les sens et le tact étant infiniment plus délicat dans les personnes qui ont une peau douce, il s'ensuit nécessairement que le cercle de leurs idées est plus étendu, et par conséquent l'esprit a une plus grande facilité. Ainsi un seul de nos sens plus ou moins parfait doit étendre ou rétrécir nos facultés intellectuelles.

Examinez aussi la couleur des personnes. Outre ce que je viens d'en dire en parlant des tempéraments, il y a une observation à faire, c'est que la noirceur de la peau ainsi que la trop grande blancheur sont deux extrêmes dont l'un indique la dureté et l'autre la faiblesse.

Les nègres ont moins d'intelligence que les blancs; car leur race est aussi ancienne que la nôtre, et cependant ils sont beaucoup au-dessous de nous pour tout ce qui regarde les sciences et les arts. En pénétrant dans des pays inconnus, nous avons trouvé, presque partout, des peuplades de Nègres, qui étaient si peu avancées dans toutes les notions humaines que les Européens ont longtemps refusé de leur accorder le nom d'hommes.

Je suis bien loin de partager cette idée atroce, injurieuse à l'humanité, dans laquelle les Espagnols ont trouvé un prétexte affreux pour excuser leur barbarie. Les Nègres sont hommes comme nous, et, si nous les avons surpassés dans plusieurs points, aussi ont-ils conservé plus que nous tout ce qui a rapport à l'instinct naturel. Leur physique est bien plus robuste que le nôtre, et leurs sens ont une perfection dont nous sommes bien loin. On a toujours admiré en eux une grande constance dans le malheur et une énergie extraordinaire. Ils savent souffrir et mépriser la mort. Ils sont, il faut l'avouer, plus sensibles que nous à l'amitié et à la reconnaissance; mais aussi ils sont en général plus inflexibles que les blancs et plus terribles dans leurs vengeances (1).

FIN

____

(1) Voir pages suivantes le catalogue de la *Petite Bibliothèque des Connaissances utiles.*